JAVASCRIPT

PROGRAMACIÓN PARA DISEÑO GUI CON REACT Y ELECTRON

*Una guía paso a paso para crear
aplicaciones GUI modernas*

AXEL RYLAN

Contenido

Parte I: Conceptos básicos del diseño de GUI

Capítulo 1: Introducción al diseño de GUI
Capítulo 2: Introducción a React

Parte II: Creación de aplicaciones GUI con React
Capítulo 3: Creación de componentes GUI con React
Capítulo 4: Creación de aplicaciones GUI complejas

Parte III: Introducción al electrón
Capítulo 5: Introducción al electrón
Capítulo 6: Creación de aplicaciones de escritorio con Electron

Parte IV: Reacción de integración con electrón.
Capítulo 7: Integración de React con Electron
Capítulo 8: Creación de aplicaciones GUI con React y Electron

Parte V: Temas avanzados

    Capítulo 9: Técnicas avanzadas de diseño de GUI

    Capítulo 10: Optimización de aplicaciones GUI

Parte VI: Mejores prácticas e implementación

    Capítulo 11: Mejores prácticas para el diseño de GUI

    Capítulo 12: Implementación de aplicaciones GUI

Parte VII: Aplicaciones en la práctica

    Capítulo 13: Creación de una aplicación GUI real

    Capítulo 14: Estudios de casos de aplicaciones GUI exitosas

Parte VIII: Conclusión y direcciones futuras

    Capítulo 15: Temas avanzados en diseño de GUI

    Capítulo 16: Solución de problemas comunes

    Capítulo 17: Diseño de GUI para diferentes plataformas

    Capítulo 18: Conclusión y direcciones futuras

Adjuntos

Índice

Parte I: Conceptos básicos del diseño de GUI

Capítulo 1: Introducción al diseño de GUI

1.1 descripción general del diseño de la GUI

El diseño de interfaz gráfica de usuario (GUI) implica la creación de interfaces visualmente atractivas y fáciles de usar para aplicaciones de software, sitios web y otros productos digitales.[1] Implica planificar, estructurar y diseñar elementos interactivos que permitan a los usuarios interactuar con un sistema a través de íconos gráficos, menús y otras señales visuales, en lugar de depender únicamente de comandos basados en texto.

El diseño de GUI va más allá de la pura estética. Abarca un enfoque holístico de la experiencia del usuario (UX) que se centra en:

- Facilidad de uso: garantizar que la interfaz sea fácil de aprender, eficiente de usar y minimice los errores.
- Accesibilidad: Diseñar para usuarios con necesidades diversas, incluidas personas con discapacidad.
- Funcionalidad: Alineación de la interfaz con las funciones principales y tareas del usuario de la aplicación.
- Consistencia: Mantener una apariencia consistente durante toda la aplicación.
- Jerarquía Visual: Organiza elementos para dirigir la atención del usuario y facilitar la navegación.
- Comentarios e interacción: Proporcionar comentarios claros y oportunos sobre las acciones de los usuarios.

El diseño de GUI moderno utiliza una variedad de herramientas y técnicas que incluyen:

- Wireframing y creación de prototipos: creación de representaciones de alta y baja fidelidad de la interfaz.
- Investigación y pruebas de usuarios: recopilación de información sobre el comportamiento y las preferencias de los usuarios.
- Sistemas de diseño: establezca componentes reutilizables y guías de estilo para mantener la coherencia.
- Principios de interacción persona-computadora (HCI): aplicación de pautas establecidas para una interacción efectiva del usuario.
- Desarrollo front-end: implementación del diseño utilizando tecnologías como HTML, CSS y JavaScript.

1.2 Importancia del diseño de la GUI

El diseño eficaz de una GUI es crucial para el éxito de cualquier producto digital. Su importancia surge de varios factores clave:

- Experiencia de usuario mejorada: una interfaz de usuario bien diseñada hace que el uso de las aplicaciones sea más intuitivo y agradable, lo que resulta en una mayor satisfacción y participación del usuario.
- Productividad mejorada: las interfaces optimizadas reducen el tiempo y el esfuerzo necesarios para completar las tareas y aumentan la productividad del usuario.
- Esfuerzo de aprendizaje reducido: los diseños intuitivos minimizan el esfuerzo de aprendizaje y permiten a los usuarios comprender rápidamente la funcionalidad de la aplicación.
- Mayor accesibilidad: las consideraciones de diseño bien pensadas hacen que las aplicaciones sean accesibles a un público más

amplio, incluidos los usuarios con discapacidades.

- Imagen de marca más sólida: una interfaz de usuario consistente y visualmente atractiva fortalece la identidad de la marca y aumenta la calidad percibida del producto.

- Costos de soporte reducidos: las interfaces fáciles de usar minimizan los errores y la confusión del usuario y reducen la necesidad de soporte técnico.

- Ventaja competitiva: en un panorama digital abarrotado, una GUI superior puede diferenciar un producto de sus competidores.

- Mayor adopción por parte de los usuarios: cuando una interfaz de usuario es fácil de usar, es más probable que los usuarios adopten y continúen usando el producto.

- Prevención de errores: las GUI bien diseñadas pueden evitar errores del usuario al proporcionar instrucciones claras y limitar la cantidad de entradas del usuario que pueden causar errores.

1.3 Principios de un buen diseño de GUI

Varios principios básicos guían la creación de GUI eficaces:

- Diseño centrado en el usuario: el proceso de diseño debe priorizar las necesidades y preferencias de los usuarios objetivo. Esto incluye realizar investigaciones de usuarios, crear personajes de usuarios e incorporar comentarios de los usuarios.
- Consistencia: Mantener una apariencia consistente en toda la aplicación mejora la usabilidad y reduce la carga cognitiva. Esto incluye el uso de terminología, diseños y elementos visuales consistentes.
- Claridad: la interfaz debe ser clara e inequívoca, con etiquetas, iconos e instrucciones fáciles de entender. Evite la

jerga y los términos técnicos que puedan confundir a los usuarios.

- Simplicidad: minimice el desorden y la complejidad centrándose en las funciones esenciales y eliminando elementos innecesarios. Un diseño limpio y minimalista suele ser más eficaz.

- Comentarios: proporcione comentarios claros y oportunos a las acciones de los usuarios e infórmeles sobre la respuesta del sistema. Esto puede incluir señales visuales, señales audibles y mensajes de estado.

- Accesibilidad: Diseño para usuarios con necesidades diversas, incluidas personas con discapacidad visual, auditiva, motora y cognitiva. Siga las pautas de accesibilidad como WCAG.

- Flexibilidad: permita a los usuarios personalizar la interfaz para adaptarla a sus preferencias y necesidades. Esto puede incluir opciones para personalizar tamaños de fuente, combinaciones de colores y diseños.

- Eficiencia: Diseñe para lograr eficiencia minimizando la cantidad de pasos necesarios para completar las tareas. Utilice atajos, valores predeterminados y otras técnicas para optimizar la experiencia del usuario.
- Perdón: diseño para la prevención y corrección de errores. Proporcione mensajes de error claros y permita a los usuarios deshacer los errores fácilmente.
- Jerarquía visual: utilice señales visuales como el tamaño, el color y la ubicación para guiar la atención del usuario y establecer una jerarquía visual clara.
- Asequibilidad: haga que los elementos interactivos parezcan seleccionables o procesables. Los botones deben verse como botones y las barras de desplazamiento deben verse como barras de desplazamiento.

- Modelos mentales: diseñe la interfaz para que coincida con los modelos mentales y las expectativas de los usuarios. Los usuarios ya tienen ideas sobre cómo deberían funcionar las cosas y la GUI debería reflejar esas ideas.
- Capacidad de respuesta: las GUI deben responder a diferentes tamaños de pantalla y dispositivos.
- Capacidad de aprendizaje: una buena GUI es fácil de aprender para los nuevos usuarios y fácil de recordar para los usuarios habituales.

Siguiendo estos principios, los diseñadores pueden crear GUI que no sólo sean visualmente atractivas sino también extremadamente fáciles de usar y efectivas.

Capítulo 2: Introducción a React

2.1 Descripción general de reaccionar

React es una biblioteca de JavaScript declarativa, eficiente y flexible para crear interfaces de usuario. Desarrollado y mantenido por Facebook[1] (ahora Meta), React permite a los desarrolladores crear componentes de interfaz de usuario reutilizables, lo que facilita la creación de aplicaciones web complejas e interactivas.

Las características clave de React incluyen:

- Arquitectura basada en componentes: las aplicaciones React se crean con componentes reutilizables, que son unidades autónomas de interfaz de usuario. Esto promueve la reutilización, modularidad y mantenibilidad del código.

- Sintaxis declarativa: React permite a los desarrolladores describir cómo debería verse la interfaz de usuario para un estado determinado, en lugar de especificar directamente cómo manipular el DOM. Esto simplifica el desarrollo y reduce el riesgo de errores.

- DOM virtual: React utiliza un DOM virtual, que es una representación en memoria del DOM real. Cuando el estado de la aplicación cambia, React actualiza eficientemente el DOM virtual y luego calcula los cambios mínimos necesarios para actualizar el DOM real, lo que resulta en un rendimiento mejorado.

- Flujo de datos unidireccional: React sigue un patrón de flujo de datos unidireccional donde los datos fluyen de los componentes principales a los componentes secundarios.

Esto facilita el seguimiento y la gestión de los cambios de datos dentro de la aplicación.

- JSX (JavaScript XML): React utiliza JSX, una extensión de sintaxis que permite a los desarrolladores escribir código similar a HTML en JavaScript. Eso lo hace más fácil[2] para definir la estructura y apariencia de los componentes de la interfaz de usuario.
- Comunidad grande y activa: React tiene una comunidad grande y activa que proporciona documentación extensa, tutoriales y bibliotecas de terceros.
- Funciones multiplataforma: con React Native, se pueden crear aplicaciones móviles nativas utilizando React.

React es particularmente bueno para construir:

- Aplicaciones de una sola página (SPA)
- Aplicaciones web complejas con UI dinámicas
- Aplicaciones móviles (con React Native)

- Aplicaciones web progresivas (PWA)

2.2 Establecer proyectos de reacción

Existen diferentes métodos para configurar proyectos de React, cada uno con sus propias ventajas y desventajas.

- Instalación de la aplicación React (CRA):
    - Este es el método recomendado oficialmente para crear aplicaciones React de una sola página.
    - Configura un entorno de desarrollo con todo lo que necesita para crear una aplicación React, incluidos Webpack, Babel y otras herramientas esenciales.
    - Simplifica el proceso de configuración y permite a los desarrolladores centrarse en crear la aplicación en lugar de configurar el entorno de desarrollo.

- Para crear un proyecto usando CRA, use el siguiente comando:
- Intento

```
npx crear-reaccionar-aplicación mia-aplicación
CD mi aplicación
npm-Inicio
```

-
-

- Rápido:
  - Vite es una herramienta de construcción que mejora significativamente la experiencia de desarrollo de proyectos web modernos.
  - Utiliza módulos ES nativos para implementar código durante el desarrollo, lo que resulta en tiempos de inicio más rápidos y reemplazo de módulos en caliente (HMR).

- Para crear un proyecto de React con Vite, use el siguiente comando:
- Intento

```
npm crea vite@latest mi-react-app --template reaccionar
CD mi-aplicación-de-reacción
instalación npm
npm ejecutar desarrollador
```

-
-

- Configuración manual (avanzada):
  - Para los desarrolladores experimentados que necesitan un control granular sobre la configuración del proyecto, la configuración manual es una opción.
  - Esto incluye configurar manualmente Webpack, Babel y otras herramientas.

- Si bien este enfoque ofrece una mayor flexibilidad, requiere una comprensión más profunda de las tecnologías subyacentes.

2.3 Comprensión de los componentes de la reacción

Los componentes de React son los componentes básicos de las aplicaciones de React. Se trata de unidades de interfaz de usuario autónomas y reutilizables que se pueden ensamblar para crear interfaces complejas.

- Componentes funcionales:
  - Los componentes de funciones son funciones de JavaScript que devuelven JSX.
  - Son más simples y concisos que los componentes de clase.

- Son el método preferido para escribir componentes de React en el desarrollo moderno de React.
- Ejemplo:
- javascript

```
función Mi componente(accesorios) {
devolver <div>¡Hola, {props.name}!</div>;
}
```

  -
  -

- Componentes de clase (heredados):
  - Los componentes de clase son clases de JavaScript que amplían esto. Reaccionar.Componente Clase.
  - Tiene acceso a métodos de ciclo de vida y funciones de administración de estado.
  - Los componentes funcionales con ganchos todavía son compatibles,

pero generalmente se prefieren a los componentes de clase.

- ○ Ejemplo:
- ○ javascript

```
Clase    Mi    componente    se    extiende
Reaccionar.Componente {
hacer() {
  devolver <div>¡Hola, {this.props.name}!</div>;
}
}
```

- ○
- ○

- Accesorios (características):
  - ○ Los accesorios se utilizan para pasar datos de los componentes principales a los componentes secundarios.
  - ○ Son de solo lectura y el componente secundario no puede modificarlos.[3]
  - ○ Ejemplo:

- ○ javascript

```
<NombreMiComponente="John" />
```
  - ○
  - ○

- Condición:
  - ○ El estado se utiliza para gestionar datos dentro de un componente.
  - ○ Es modificable y se puede actualizar con usoEstado Gancho (para piezas funcionales) o el establecer estado Método (para componentes de clase).
  - ○ Los cambios de estado desencadenan una nueva representación del componente.
  - ○ Ejemplo (con ganchos):
  - ○ javascript

```
Importar    Reaccionar,    {useState}    fuera    de
'reaccionar';

función Mi componente() {
 constante [recuento, setCount] = useState(0);

 devolver (
  <div>
   <PAG>Cantidad: {Cantidad}</PAG>
    <Gusto al hacer clic={() => setCount(count +
1)}>Aumentar</Gusto>
  </div>
 );
}
```

- ○

- ○

- Métodos de ciclo de vida (componentes de clase):
  - ○ Los métodos del ciclo de vida son métodos especiales que se llaman en

diferentes etapas del ciclo de vida de un componente.

- o Ella[4] Permita que los desarrolladores realicen acciones como recuperar datos, actualizar el DOM y limpiar recursos.
- o Ejemplos de esto son ComponenteDidMount, ComponenteDidUpdate, Y ComponenteSe Desmontará.
- Gancho (componentes funcionales):
  - o Los ganchos son funciones que permiten que los componentes funcionales accedan al estado y otras funciones de React.
  - o Ejemplos de esto son usoEstado, usoEfecto, utilizarContexto, Y utilizarRef.
  - o Los ganchos simplifican la lógica de los componentes y facilitan la reutilización del código.

- Composición de los componentes:
  - React fomenta el ensamblaje de componentes pequeños y reutilizables para construir interfaces de usuario complejas.
  - Esto promueve la modularidad, la mantenibilidad y la reutilización del código.
- Representación condicional:
  - React permite a los desarrolladores renderizar elementos condicionalmente según el estado de la aplicación.
  - Esto se hace utilizando operadores condicionales de JavaScript u operadores ternarios dentro de JSX.
- Listas y claves:
  - Al renderizar listas de elementos, cada elemento debe tener un accesorio "clave" único. Esto ayuda a React a

actualizar el DOM de manera eficiente.

Comprender los componentes de React es esencial para crear aplicaciones React sólidas y fáciles de mantener.

Parte II: Creación de aplicaciones GUI con React

Capítulo 3: Creación de componentes GUI con React

3.1 Crear componentes funcionales

Los componentes funcionales son los componentes básicos de las GUI de React. Estas son funciones simples de JavaScript que devuelven JSX (JavaScript XML), que describe la estructura de la interfaz de usuario.

- Componentes funcionales básicos:
  - Un componente funcional simple puede representar contenido estático.
  - Ejemplo:
  - javascript

```
función saludo() {
  devolver <h1>¡Hola, reacciona!</h1>;
}
```

- ○
- ○

- Componentes con accesorios:
    - ○ Los accesorios (propiedades) permiten que los datos se pasen de los componentes principales a los componentes secundarios.
    - ○ Los accesorios son de solo lectura dentro del componente secundario.
    - ○ Ejemplo:
    - ○ javascript

```
función tarjeta de usuario(accesorios) {
  devolver (
    <div>
      <h2>{props.nombre}</h2>
```

```
      <PAG>Correo      electrónico:
{props.email}</PAG>
  </div>
 );
}


// Uso:
<nombre de tarjeta de usuario="Alicia" correo
electrónico =„alicia@ejemplo.com" />
            o

            o

 • Composición de los componentes:
            o Los componentes funcionales se
              pueden anidar para crear estructuras
              de interfaz de usuario complejas.
            o Esto promueve la reutilización y la
              modularidad del código.
            o Ejemplo:
            o javascript
```

```
función Encabezado de página(Accesorios){
  devolver(
    <Encabezamiento>
      <h1>{props.título}</h1>
      <no existe>{props.navigación}</no existe>
    </Encabezamiento>
  );
}

función Navegación(){
  devolver(
    <ul>
      <El>Inicio</El>
      <El>Acerca de</El>
      <El>Contacto</El>
    </ul>
  )
}

función Página(){
  devolver(
```

```
<div>
    <Encabezado de página título="Mi sitio
web" Navegación={<Navegación/>}/>
    <ante todo>Contenido aquí
    </div>
  )
}
```

- o
- o

- Devolviendo JSX:
    - o Los componentes funcionales deben devolver JSX.
    - o JSX permite incrustar una sintaxis similar a HTML en JavaScript.
    - o Las expresiones JSX pueden contener variables JavaScript y expresiones entre llaves {}.

3.2 Uso de estados y accesorios

Los estados y accesorios son esenciales para crear componentes GUI dinámicos e interactivos.

- Accesorios (características):
    - Los accesorios se utilizan para pasar datos de los componentes principales a los componentes secundarios.
    - Son inmutables dentro del componente secundario.
    - Los accesorios se utilizan para configurar y personalizar componentes.
    - Ejemplo:
    - javascript

```
función Gusto(accesorios) {
        devolver      <Gusto      al      hacer
clic={props.onClick}>{props.label}</Gusto>;
}

// Uso:
```

<etiqueta del botón="Haz clic en mí" al hacer clic={() => consola.Protocolo("¡Se hizo clic en el botón!")} />

- o
- o

- Estado (useState Hook):
  - El usoEstado El gancho permite que los componentes funcionales administren el estado.
  - El estado representa datos que pueden cambiar dentro de un componente.
  - Los cambios de estado desencadenan una nueva representación del componente.
  - Ejemplo:
  - javascript

Importar Reaccionar, {useState} fuera de 'reaccionar';

```
función Cambiar() {
  constante [recuento, setCount] = useState(0);

  devolver (
   <div>
    <PAG>Cantidad: {Cantidad}</PAG>
     <Gusto al hacer clic={() => setCount(count +
1)}>Aumentar</Gusto>
   </div>
  );
}
```

- o
- o

- Gestionar condiciones complejas:
  - o Para estados complejos puede utilizar objetos o matrices.
  - o Al actualizar un estado complejo, cree una nueva copia del objeto o matriz de estado para evitar cambiar el estado original.
  - o Ejemplo:

○ javascript

Importar Reaccionar, {useState} fuera de 'reaccionar';

función la imagen() {
  constante [formData, setFormData] = useState({ Nombre: '', Correo electrónico: '' });

  constante manejarCambio = (e) => {
    setFormData({ ...formData, [e.target.name]: e.target.value });
  };

  devolver (
    <la foto>
      <Entrada Tipo="Texto" Nombre="Nombre" Valor={formData.nombre}   en cambio={manejarCambio} />

```
    <Entrada Tipo="Correo electrónico"
Nombre="Correo                electrónico"
Valor={formData.correo      electrónico}      en
cambio={manejarCambio} />
    <PAG>Nombre: {formData.name}, Correo
electrónico: {formData.email}</PAG>
  </la foto>
 );
}
```

- o
- o

3.3 Manejo de eventos

El manejo de eventos permite la interacción del usuario y el comportamiento dinámico en las GUI de React.

- Conceptos básicos del procesamiento de eventos:
  - React utiliza eventos sintéticos, que son envoltorios entre navegadores

alrededor de eventos del navegador nativo.

- ○ Los controladores de eventos se definen como funciones y se pasan a elementos como accesorios.
- ○ Los eventos comunes incluyen al hacer clic, en cambio, enEnviar, Y onKeyDown.
- ○ Ejemplo:
- ○ javascript

```
función Botón de alerta() {
  constante manejarClick = () => {
    Alarma("¡Se hizo clic en el botón!");
  };

          devolver      <Gusto    al      hacer
clic={handleClick}>Alarma</Gusto>;
}
        ○
```

- ○
- Pasar datos del evento:
  - ○ Los controladores de eventos reciben un objeto de evento como argumento que contiene información sobre el evento.
  - ○ Puede acceder a datos del evento, como el elemento de destino y el tipo de evento.
  - ○ Ejemplo:
  - ○ javascript

```
función Registrador de entrada() {
  constante handleChange = (evento) => {
        consola.Protocolo('Valor de entrada:',
evento.destino.valor);
  };

        devolver  <Entrada  Tipo="Texto"  en
cambio={manejarCambio} />;
```

}

- o
- o

- Evitar el comportamiento predeterminado:
  - o El evento.preventDefault() El método se puede utilizar para evitar el comportamiento predeterminado de un evento, como por ejemplo: B. enviar un formulario.
  - o Ejemplo:
  - o javascript

```
función FormularioEnviarLogger() {
  constante handleSubmit = (evento) => {
    evento.preventDefault();
    consola.Protocolo("¡Formulario enviado!");
  };

  devolver (
    <la foto enEnviar={manejarEnviar}>
```

```
<Gusto Tipo="entregar">De ti</Gusto>
</la foto>
);
}
```

- ○
- ○

- Manejo de eventos con estado:
  - ○ Los controladores de eventos se utilizan a menudo para actualizar el estado, lo que activa la repetición de renderizaciones y actualiza la interfaz de usuario.
  - ○ Ejemplo:
  - ○ javascript

```
Importar Reaccionar, {useState} fuera de
'reaccionar';

función Botón de alternancia() {
```

```
constante    [isOn,    setIsOn]    =
useState(INCORRECTO);

constante manejarClick = () => {
setIsOn(!isOn);
};

devolver (
<Gusto al hacer clic={handleClick}>
    {¿Está  encendido?  'ENCENDIDO
APAGADO'}
</Gusto>
);
}
```

    ◦

    ◦

- Pasar controladores de eventos como accesorios:
  - Los controladores de eventos se pueden pasar como accesorios de los componentes principales a los

componentes secundarios, lo que permite que los componentes secundarios desencadenen acciones en los componentes principales.

Al dominar estos conceptos, los desarrolladores pueden utilizar React para crear componentes GUI interactivos y dinámicos.

Capítulo 4: Creación de aplicaciones GUI complejas

Este capítulo cubre las técnicas y herramientas necesarias para crear interfaces gráficas de usuario (GUI) sofisticadas y fáciles de mantener con React. Iremos más allá de la creación de componentes básicos y profundizaremos en la gestión avanzada del estado, el enrutamiento y el uso eficaz de los ganchos de React para crear aplicaciones sólidas y escalables.

4.1 Introducción: Escalado de aplicaciones de React

- La necesidad de gestionar la complejidad: a medida que las aplicaciones crecen, el estado simple a nivel de componente ya no es suficiente. Necesitamos enfoques estructurados para gestionar el flujo de datos, el estado de las aplicaciones y la navegación.

- Consideraciones de arquitectura: analice la importancia de considerar la arquitectura de la aplicación desde el principio para evitar futuros desafíos de refactorización.

- Descripción general de las tecnologías clave: Presentación de React Hooks, Redux/MobX y React Router como herramientas esenciales para crear GUI complejas.

4.2 Aprovechar el poder de React Hooks

- 4.2.1 Comprensión de los ganchos de reacción:
    - Una explicación detallada de qué son los ganchos y por qué se introdujeron.
    - Las reglas de los Hooks: llamar a Hooks solo en el nivel superior y llamar a Hooks solo desde los componentes de la función React.

- 4.2.2 Ganchos incorporados esenciales:
  - usoEstado: Administra el estado del componente local.
    - Ejemplos de aplicación usoEstado para una gestión de datos sencilla y actualizaciones de objetos complejos.
  - usoEfecto: Manejo de efectos secundarios (recuperación de datos, suscripciones, manipulaciones DOM manuales).
    - Explicaciones detalladas de las matrices de dependencia y su impacto en usoEfecto Ejecución.
    - Elimine los efectos secundarios para evitar pérdidas de memoria.
  - utilizarContexto: Acceso a valores de contexto.

- Demostrar cómo utilizarContexto Simplifica el intercambio de datos entre componentes sin necesidad de perforar.
  - utilizarReductor: Gestión de lógica de estados compleja.
    - Comparar utilizarReductor con usoEstado y cuándo utilizar cada uno.
    - Implementar transiciones de estado utilizando acciones y reductores.
  - soy nota Y utilizarDevolución de llamada: Optimice el rendimiento recordando valores y funciones.
    - Explica como soy nota Y utilizarDevolución de llamada Evite volver a renderizar innecesariamente.

- Proporcionar ejemplos para optimizar operaciones computacionalmente intensivas.
  - utilizarRef: acceda a elementos DOM y conserve valores mutables.
    - Distinguir entre utilizarRef Y usoEstado para almacenar valores de variables.
    - Usar utilizarRef para acceder a elementos DOM directamente.
- 4.2.3 Creación de ganchos personalizados:
  - Creando lógica reutilizable con ganchos personalizados.
  - Ejemplos de enlaces personalizados para recuperación de datos, procesamiento de formularios y otros patrones comunes.
  - Los beneficios de la reutilización y abstracción del código mediante la creación de enlaces personalizados.

4.3 Gestión de estados con Redux o MobX

- 4.3.1 La necesidad de una gestión del Estado global:
  - Se solucionaron las limitaciones de estado a nivel de componente en aplicaciones grandes.
  - Presentamos el concepto de tienda central.
- 4.3.2 Redux:
  - Conceptos centrales: acciones, reductores y memoria.
    - Explicación detallada del flujo de datos unidireccional.
    - Ilustrar el papel de las acciones en la descripción de cambios de estado.
    - Explique cómo los reductores actualizan la memoria en función de las acciones.

- ○ Implementación: configurar Redux, crear acciones y reductores, y conectar componentes a Reaccionar-Redux.
- ○ Middleware: comprensión del middleware de Redux (por ejemplo, Redux Thunk, Redux Saga) para manejar operaciones asincrónicas.
- ○ DevTools: cómo utilizar Redux DevTools para depurar e inspeccionar cambios de estado.
- 4.3.3 MobX:
  - ○ Conceptos centrales: Observables, acciones y reacciones.
    - ■ Explique el patrón observable y sus implicaciones para la administración gubernamental.
    - ■ Ilustración de cómo MobX rastrea automáticamente las dependencias y actualiza los componentes.

- ○ Implementación: configurar MobX, crear tiendas observables y conectar componentes a mobx-reaccionar.
- ○ Pros y contras: Comparación de Redux y MobX en términos de complejidad, rendimiento y curva de aprendizaje.
- 4.3.4 Elección entre Redux y MobX:
  - ○ Directrices para seleccionar la biblioteca de gestión estatal adecuada en función de los requisitos del proyecto.
  - ○ Analice factores como la familiaridad del equipo, la complejidad de las aplicaciones y las consideraciones de rendimiento.

4.4 Enrutamiento del lado del cliente con React Router

- 4.4.1 Comprensión del enrutamiento del lado del cliente:
  - Explique el concepto de aplicaciones de página única (SPA) y enrutamiento del lado del cliente.
  - Discutir los beneficios de transiciones fluidas y una mejor experiencia de usuario.
- 4.4.2 Conceptos básicos de React Router:
  - Instale y configure React Router.
  - Usar <NavegadorEnrutador>, <rutas>, Y <Ruta> Componentes.
  - Implementación de navegación básica con <Enlace> Componentes.
- 4.4.3 Enrutamiento dinámico y parámetros de ruta:
  - Pasar parámetros en rutas de ruta.
  - Acceda a los parámetros de la ruta con utilizar parámetros Gancho.
  - Creación de páginas dinámicas basadas en parámetros de ruta.

- 4.4.4 Rutas y diseños anidados:
  - Creación de rutas anidadas para estructuras de páginas complejas.
  - Implementación de diseños y elementos de navegación comunes.
  - Usando el componente Outlet para renderizar subrutas.
- 4.4.5 Navegación programática:
  - Con el utilizar navegar Gancho para navegación programática.
  - Redirigir a los usuarios según la lógica de la aplicación.
- 4.4.6 Manejo de páginas 404 y redirecciones:
  - Implementación de páginas 404 personalizadas usando <Ruta de ruta="*"> Sintaxis.
  - Redirigir a los usuarios según el estado de autenticación u otras condiciones.
- 4.4.7 Ruta de carga diferida:

- Uso de React.lazy y Suspense para división de código y rutas de carga diferida.
- Mejore el rendimiento de la carga inicial cargando componentes de ruta según sea necesario.

4.5 Integración de ganchos, gestión de estado y enrutamiento: un ejemplo práctico

- Creando una aplicación compleja:
  - Un ejemplo completo que demuestra la integración de Hooks, Redux/MobX y React Router.
  - Implementación de funciones como autenticación de usuarios, recuperación de datos y representación dinámica de páginas.
- Mejores prácticas y patrones de diseño:
  - Aplicar las mejores prácticas para la organización del código, la

reutilización de componentes y la optimización del rendimiento.

- Analice patrones de diseño comunes para crear aplicaciones React escalables y mantenibles.

4.6 Prueba de aplicaciones GUI complejas

- Prueba de componentes de React:
  - Usando la biblioteca de pruebas Jest y React.
  - Redacción de pruebas unitarias para componentes.
  - Dependencias simuladas.
- Probando el estado de Redux/MobX:
  - Reductor de prueba/memoria.
  - La acción de prueba.
  - Prueba de componentes conectados.
- Prueba de navegación del enrutador React:
  - Probando la lógica de navegación.
  - Parámetros de ruta de prueba.

- Pruebas de extremo a extremo:
  - Con ciprés o selenio.
  - Probar flujos de usuarios.

4.7 Conclusión: cree aplicaciones React mantenibles y escalables

- Resumen de los conceptos y técnicas clave cubiertos en este capítulo.
- Enfatiza la importancia de seleccionar las herramientas y la arquitectura adecuadas para las necesidades específicas del proyecto.
- Estímulo a explorar más a fondo conceptos avanzados de React y mejores prácticas.

Parte III: Introducción al electrón

Capítulo 5: Introducción al electrón

Este capítulo presenta Electron, un potente marco para crear aplicaciones de escritorio multiplataforma utilizando tecnologías web. Exploraremos los conceptos básicos de Electron, aprenderemos cómo configurar proyectos y profundizaremos en su arquitectura para comprender cómo combina a la perfección la funcionalidad web y nativa.

5.1 Introducción a Electron: uniendo la Web y el escritorio

- 5.1.1 La necesidad de aplicaciones de escritorio multiplataforma:

- Analice los desafíos de crear aplicaciones nativas para múltiples sistemas operativos.
- Presentamos Electron como una solución que aprovecha las tecnologías web para el desarrollo multiplataforma.

- 5.1.2 ¿Qué es un electrón?
  - Definir a Electron como un marco que combina Chromium y Node.js en un único tiempo de ejecución.
  - Destacando los beneficios de utilizar tecnologías web conocidas (HTML, CSS, JavaScript) para el desarrollo de escritorio.

- 5.1.3 Casos de uso y aplicaciones:
  - Presentación de aplicaciones populares de Electron (por ejemplo, VS Code, Slack, Discord).
  - Analice varios casos de uso, incluidas herramientas de productividad,

aplicaciones de comunicación y reproductores multimedia.

o Los beneficios de utilizar tecnologías web para UI y Node.js para operaciones backend.

5.2 Configuración de proyectos electrónicos

- 5.2.1 Requisitos:
  o Asegúrese de que Node.js y npm (o Yarn) estén instalados.
  o Comprender conceptos básicos de JavaScript, HTML y CSS.
- 5.2.2 Inicializando un nuevo proyecto Electron:
  o Crear un directorio de proyecto e inicializar uno paquete.json Archivo.
  o Instalación del Electrónico Paquete como dependencia de desarrollo.
  o Explique el significado del archivo package.json.

- 5.2.3 Creando el proceso principal (principal.js):
  - Explique el papel del proceso principal como punto de entrada de la aplicación Electron.
  - Importando los módulos requeridos (Aplicación, Ventana del navegador).
  - Creando una ventana simple con Ventana del navegador.
  - Gestionar el ciclo de vida de la aplicación (p. ej. aplicación.on('listo'), app.on('ventana-toda-cerrada')).
- 5.2.4 Creando el proceso de renderizado (índice.html, renderizador.js):
  - Comprenda el proceso de renderizado a medida que se muestra la página web en el Ventana del navegador.
  - Creando uno índice.html Archivo con estructura HTML básica.

- o Agregando uno renderizador.js Archivo lógico JavaScript del lado del cliente.

- o Demostración de comunicación entre el proceso principal y el proceso de renderizado.

- 5.2.5 Ejecutando la aplicación Electrónica:

  - o Crear un script de inicio en paquete.json para ejecutar la aplicación Electrónico..

  - o Inicie la aplicación y observe la primera ventana.

- 5.2.6 Estructura del proyecto y mejores prácticas:

  - o Explicar las estructuras de carpetas comunes.

  - o Analice las mejores prácticas para organizar el código y los activos.

  - o Gestionar dependencias.

5.3 Comprender la arquitectura de Electron

- 5.3.1 Proceso principal versus proceso de renderizado:
  - Una explicación detallada de los dos procesos principales en Electron.
  - Ilustrar la separación de preocupaciones y la comunicación entre procesos.
- 5.3.2 Integración de Chromium y Node.js:
  - Explique cómo Electron combina Chromium para representar contenido web y Node.js para acceder a los recursos del sistema.
  - Discusión de los beneficios de esta integración.
- 5.3.3 El Ventana del navegador Módulo:
  - Una visión completa de la Ventana del navegador Módulo y sus capacidades.
  - Configure las propiedades de la ventana (por ejemplo, tamaño, título, icono).

- o Cargando contenido web en la ventana.
- o Usando la propiedad webContents.
- 5.3.4 Comunicación entre procesos (IPC):
  - o Explique la necesidad de que IPC permita la comunicación entre los procesos principal y de renderizado.
  - o presentamos ipcPrincipal Y ipcRenderer Módulo.
  - o Demostración de envío y recepción de mensajes con ipcMain.handle, ipcRenderer.invocar, ipcMain.on, Y ipcRenderer.enviar.
  - o IPC asíncrono y síncrono.
- 5.3.5 Acceso a API nativas:
  - o Analice cómo Electron proporciona acceso a las API del sistema operativo nativo.
  - o Introducción de módulos como Diálogo, manga, Y fs.

- ○ Demostración de cómo se utilizan estos módulos para interactuar con el sistema de archivos, mostrar cuadros de diálogo y abrir recursos externos.
- 5.3.6 Embalaje y distribución:
  - ○ Introducción al formador de electrones y al empaquetador de electrones.
  - ○ Creación de aplicaciones para diferentes sistemas operativos.
  - ○ Firma y distribución de código.
- 5.3.7 Aspectos de seguridad:
  - ○ Aislamiento del contexto y los peligros de la integración de nodos.
  - ○ Ejecución remota de código y mejores prácticas.
  - ○ Proteger los datos del usuario y la integridad de la aplicación.

5.4 Módulos centrales de Electron: una mirada más profunda

- 5.4.1 Aplicación Módulo:
  - Gestionar el ciclo de vida y los eventos de las aplicaciones.
  - Manejo de la configuración y preferencias de la aplicación.
- 5.4.2 Diálogo Módulo:
  - Muestra cuadros de diálogo de selección de archivos nativos, mensajes y advertencias.
- 5.4.3 manga Módulo:
  - Abra URL, archivos y carpetas con aplicaciones estándar del sistema operativo.
  - Trabajar con el explorador de archivos del sistema.
- 5.4.4 fs Módulo:
  - Acceder y manipular el sistema de archivos.
  - Leer y escribir archivos.
- 5.4.5 Menú Y Tableta Módulo:

- ○ Creación de menús de aplicaciones e iconos de la barra de tareas.
- ○ Agregar elementos de menú personalizados y funcionalidad de bandeja.

5.5 Herramientas de depuración y desarrollo

- 5.5.1 Herramientas de desarrollo de Chromium:
  - ○ Usé Chromium DevTools para depurar el código del proceso del renderizador.
  - ○ Inspeccione elementos, depure JavaScript y el rendimiento del perfil.
- 5.5.2 Depuración del proceso principal:
  - ○ Usar herramientas de depuración de Node.js (p. ej. Verificar nodos).
  - ○ Establezca puntos de interrupción y recorra el código.
- 5.5.3 Extensiones de Electron DevTools:

- o Instale y utilice React DevTools, Redux DevTools y otras extensiones útiles.
- 5.5.4 Registro y manejo de errores:
  - o Implementar mecanismos de registro efectivos.
  - o Maneje los errores con elegancia y proporcione mensajes informativos.

5.6 Fazit: Die Kraft des Elektrons

- Resumen de los conceptos y técnicas clave cubiertos en este capítulo.
- La atención se centra en la capacidad de Electron para crear aplicaciones de escritorio multiplataforma utilizando tecnologías web.
- Aliento para explorar la rica API de Electron y crear aplicaciones de escritorio innovadoras.

Capítulo 6: Creación de aplicaciones de escritorio con Electron

Este capítulo se basa en el conocimiento básico de Electron del capítulo anterior y aborda los aspectos prácticos del desarrollo de aplicaciones de escritorio completamente funcionales. Exploraremos cómo podemos aprovechar las API de Electron para acceder a la funcionalidad nativa, implementar funciones específicas de escritorio y crear una experiencia de usuario perfecta.

6.1 Diseño y planificación de aplicaciones de escritorio

- 6.1.1 Consideraciones sobre la experiencia del usuario (UX):

- ○ Comprenda las diferencias entre UX web y de escritorio.
- ○ Diseñe interfaces intuitivas que se ajusten a las convenciones específicas de la plataforma.
- ○ Implementación de atajos de teclado y elementos de menú para una navegación eficiente.
- 6.1.2 Arquitectura y estructura de la aplicación:
  - ○ Planificar la arquitectura de la aplicación en función de su complejidad y características.
  - ○ Organice el código y los activos para lograr mantenibilidad y escalabilidad.
  - ○ Decidir sobre la solución de gestión de estado adecuada para la aplicación.
- 6.1.3 Planificación e implementación de funciones:
  - ○ Definir la funcionalidad principal de la aplicación y priorizar el desarrollo.

- Divida funciones complejas en tareas más pequeñas y manejables.
- Uso de las API de Electron para implementar funciones específicas de escritorio.

6.2 Uso de API de Electron para funcionalidad nativa

- 6.2.1 Interacción del sistema de archivos (fs Módulo):
  - Leer y escribir archivos con fs.readArchivo, fs.writeArchivo y métodos relacionados.
  - Implementación de cuadros de diálogo de archivos para seleccionar archivos y directorios.
  - Procese operaciones de archivos de forma asincrónica y sincrónica.
- 6.2.2 Campo de diálogo (Diálogo Módulo):

- o Visualización de campos de mensajes, cuadros de diálogo de error y consultas de seguridad.
- o Creación de cuadros de diálogo de selección y guardado de archivos personalizados.
- o Manejo de las interacciones del usuario con cuadros de diálogo.
- 6.2.3 Integración del shell del sistema (manga Módulo):
  - o Abra URL, archivos y carpetas con las aplicaciones predeterminadas del sistema.
  - o Ver elementos en el Explorador de archivos del sistema operativo.
  - o Implementación de la funcionalidad de arrastrar y soltar.
- 6.2.4 Accediendo al portapapeles:
  - o Usar el módulo del portapapeles para copiar y pegar texto y otros datos.

- o Implementar acciones relacionadas con el portapapeles.
- 6.2.5 Notificaciones:
  - o Implementación de notificaciones nativas del sistema operativo.
  - o Personaliza la apariencia y el comportamiento de las notificaciones.
- 6.2.6 Menús y menús contextuales (Menú Módulo):
  - o Cree menús de aplicaciones y menús contextuales.
  - o Agregue elementos de menú y submenús personalizados.
  - o Implementación de atajos de teclado y controladores de eventos.
- 6.2.7 Bandeja del sistema (Tableta Módulo):
  - o Creación de iconos y menús en la barra de tareas.
  - o Implementación de operaciones en segundo plano y notificaciones.

○ Administre el estado de los íconos de la barra de tareas.

6.3 Manejo de funciones específicas del escritorio

- 6.3.1 Configuración y preferencias de la aplicación:
  ○ Guarde y recupere la configuración de la aplicación con Almacenamiento de electrones o bibliotecas similares.
  ○ Crear una ventana de configuración o un cuadro de diálogo para la personalización del usuario.
  ○ Implementación de actualizaciones automáticas de configuraciones.
- 6.3.2 Gestión de ventanas:
  ○ Crea múltiples ventanas y administra sus estados.
  ○ Implementar redimensionamiento, minimización y maximización de ventanas.

- ○ Administre el foco de la ventana y las interacciones.
- 6.3.3 Funcionalidad de arrastrar y soltar:
  - ○ Implementación de funcionalidad de arrastrar y soltar para archivos y datos.
  - ○ Manejo de eventos de arrastrar y soltar y transferencia de datos.
- 6.3.4 Menús nativos y atajos de teclado:
  - ○ Cree menús nativos que se ajusten a las convenciones específicas de la plataforma.
  - ○ Implemente atajos de teclado para acciones comunes.
  - ○ Administre los estados del menú y habilite/deshabilite los elementos del menú.
- 6.3.5 Actualizaciones de la aplicación:
  - ○ Implementar actualizaciones automáticas de aplicaciones usando Actualizador de electrones.

- Proporcionar comentarios de los usuarios durante el proceso de actualización.
- Manejo de errores de actualización y mecanismos de reversión.
- 6.3.6 Integración Nativa:
  - Trabajar con bibliotecas nativas del sistema operativo.
  - Interacción con dispositivos de hardware.

6.4 Mejores prácticas para la comunicación entre procesos (IPC).

- 6.4.1 Diseño eficiente de IPC:
  - Minimizar la cantidad de datos transferidos entre procesos.
  - Uso de IPC asíncrono para operaciones sin bloqueo.
  - Diseñar formatos de mensajes IPC claros y consistentes.

- 6.4.2 Aspectos de seguridad:
  - Validación y limpieza de datos recibidos vía IPC.
  - Restrinja el acceso a API y recursos confidenciales.
  - Aislamiento de contexto y deshabilitación de nodeIntegration cuando sea posible.
- 6.4.3 Manejo y registro de errores:
  - Se implementó un manejo robusto de errores para las operaciones de IPC.
  - Registro de mensajes IPC para depuración y monitoreo.
- 6.4.4 Optimización del rendimiento:
  - Evite llamadas IPC innecesarias.
  - Lotes de mensajes IPC cuando sea posible.
  - Perfilado del desempeño de IPC.

6.5 Embalaje y distribución de aplicaciones electrónicas.

- 6.5.1 Seleccionar una herramienta de embalaje:
    - Comparar generador de electrones Y empaquetador de electrones.
    - Selección de la herramienta adecuada en función de los requisitos del proyecto.
- 6.5.2 Configurar opciones de embalaje:
    - Especifique los metadatos, los iconos y la configuración de compilación de la aplicación.
    - Generación de instaladores para diferentes sistemas operativos.
    - Firma de código y notarización.
- 6.5.3 Estrategias de ventas:
    - Distribuya aplicaciones a través de tiendas de aplicaciones o descargas directas.
    - Implementación de actualizaciones y versionamiento automático.

- ○ Manejo de implementación de aplicaciones.
- 6.5.4 Firma y certificación notarial de la solicitud:
  - ○ Importancia de la firma de código.
  - ○ Notarbeglaubigung de Apple.

6.6 Prueba y depuración de aplicaciones de escritorio

- 6.6.1 Pruebas unitarias:
  - ○ Escribir pruebas unitarias para la lógica y los componentes del proceso de renderizado.
  - ○ Burlarse de las API y dependencias de Electron.
- 6.6.2 Pruebas de integración:
  - ○ Probar la interacción entre los procesos principal y renderizador.
  - ○ Verificación de la comunicación y flujo de datos del IPC.

- 6.6.3 Pruebas de extremo a extremo:
  - Automatizar las interacciones de los usuarios y probar los flujos de trabajo de las aplicaciones.
  - Usando herramientas como Cypress o Spectron.
- 6.6.4 Técnicas de depuración:
  - Usé Chromium DevTools para depurar el código del proceso del renderizador.
  - Depuración del proceso principal utilizando las herramientas de depuración de Node.js.
  - Registro e informes de errores.

6.7 Conclusión: creación de experiencias de escritorio sólidas

- Resumen de los conceptos y técnicas clave cubiertos en este capítulo.

- Destacando el poder de las API de Electron y las funciones específicas de escritorio.
- Estímulo a explorar conceptos avanzados de Electron y desarrollar aplicaciones de escritorio innovadoras.

Parte IV: Reacción de integración con electrón.

Capítulo 7: Integración de React con Electron

Este capítulo se centra en la poderosa sinergia de React y Electron, combinando las sólidas características de la interfaz de usuario de React con la funcionalidad de escritorio multiplataforma de Electron. Exploraremos cómo configurar un proyecto de React Electron, utilizar eficazmente los componentes de React dentro de Electron y establecer una comunicación perfecta entre el proceso de React Renderer y el proceso principal de Electron.

7.1 Configurar un proyecto de React Electron

- 7.1.1 Inicialización del proyecto:

- o Usar Crear-reaccionar-aplicación o Vite para iniciar un proyecto de React.
- o Instale Electron como una dependencia de desarrollo.
- o Estructurar el proyecto para una integración óptima (separación del código principal y del renderizador).
- 7.1.2 Configurar paquete.json:
  - o Agregar scripts de inicio de Electron para ejecutar la aplicación.
  - o Gestionar dependencias para React y Electron.
  - o Personalice los scripts de compilación para el empaquetado.
- 7.1.3 Creación del proceso electrónico principal (principal.js):
  - o Configurar el proceso principal para crear un Ventana del navegador.

- ○ Cargando el resultado de la compilación de la aplicación React en el Ventana del navegador.
- ○ Implementar la gestión básica del ciclo de vida de las aplicaciones.
- 7.1.4 Integrar la salida de React Build:
  - ○ Comprenda cómo cargar la salida de compilación de React (HTML, CSS, JavaScript) en Electron.
  - ○ Configurar Electron para implementar la aplicación React desde la carpeta de compilación.
  - ○ Usar servidores de desarrollo al depurar.
- 7.1.5 Flujo de trabajo de Entwicklungs:
  - ○ Configurar un entorno de desarrollo que permita el desarrollo simultáneo de React y Electron.
  - ○ Con herramientas como al mismo tiempo o similar para gestionar múltiples procesos.

o Consideraciones de recarga en caliente.

7.2 Uso de componentes de reacción en el electrón.

- 7.2.1 Integrar componentes de React:
  - o Representar componentes de React dentro del Ventana del navegador.
  - o Estructuración de la aplicación React para adaptarse al entorno de escritorio.
  - o Consideraciones para las diferencias de UI/UX de escritorio.
- 7.2.2 Diseño de componentes de React para aplicaciones de escritorio:
  - o Adaptación del estilo de los componentes de React al entorno de escritorio.
  - o Usar marcos CSS o bibliotecas que proporcionen estilos específicos de escritorio.

- ○ Lidiar con las diferencias de estilo específicas de la plataforma.
- 7.2.3 Gestión de estados en una aplicación React Electron:
  - ○ Selección de soluciones de gestión de estado adecuadas (por ejemplo, React Hooks, Redux, MobX).
  - ○ Maneja el estado de la aplicación que debe compartirse entre React y Electron.
  - ○ Consideraciones para mantener el estado de la aplicación.
- 7.2.4 Uso de API de electrones de componentes de React:
  - ○ Mejores prácticas para acceder a las API de Electron a través del proceso de renderizado.
  - ○ Preocupaciones de seguridad y cómo mitigarlas.
  - ○ Ejemplos de uso de API de electrones de componentes de reacción.

7.3 Manejo de la comunicación entre la reacción y el electrón.

- 7.3.1 Comunicación entre procesos (IPC):
    - Una descripción detallada del mecanismo IPC de Electron (ipcPrincipal Y ipcRenderer).
    - Usar ipcRenderer.enviar Y ipcMain.on para comunicación asincrónica.
    - Usar ipcRenderer.invocar Y ipcMain.handle para comunicación de solicitud/respuesta.
- 7.3.2 Exposición de las API de electrones a reacciones:
    - Creando un puente entre los componentes de React y las API de Electron.
    - Implementar patrones de comunicación seguros y eficientes.
    - Mejores prácticas para proteger el proceso principal.

- 7.3.3 Transferencia de datos y serialización:
  - Manejo de serialización y deserialización de datos entre React y Electron.
  - Selección de formatos de datos adecuados (por ejemplo, JSON).
  - Optimización de la transferencia de datos para el rendimiento.
- 7.3.4 Operaciones asincrónicas y promesas:
  - Gestionar operaciones asincrónicas y compromisos en el flujo de comunicación.
  - Manejar errores y proporcionar retroalimentación al usuario.
  - Manejo adecuado de errores.
- 7.3.5 Consideraciones de seguridad para IPC:
  - Aislamiento de contexto y mejores prácticas de seguridad.
  - Protéjase contra vulnerabilidades de ejecución remota de código.

- Validación y limpieza de datos recibidos vía IPC.
- 7.3.6 Uso de ContextBridge:
  - Cómo contextBridge mejora la seguridad.
  - Ejemplos de implementación de contextBridge.
  - ¿Cuándo utilizar contextBridge?

7.4 Implementar funciones específicas de escritorio con React

- 7.4.1 Integración del sistema de archivos:
  - Usar componentes de React para interactuar con el sistema de archivos (por ejemplo, diálogos de archivos, operaciones de archivos).
  - Mostrar datos del sistema de archivos en los componentes de React.
- 7.4.2 Notificaciones nativas:

- ○ Notificaciones nativas implementadas usando componentes de React.
- ○ Manejo de eventos de notificación e interacciones de usuarios.
- 7.4.3 Menús y menús contextuales:
  - ○ Creación de menús personalizados y menús contextuales utilizando componentes de React.
  - ○ Integrar acciones de menú en la lógica de la aplicación React.
- 7.4.4 Funcionalidad de arrastrar y soltar:
  - ○ Se implementó la funcionalidad de arrastrar y soltar utilizando componentes de React.
  - ○ Manejo de eventos de arrastrar y soltar y transferencia de datos.
- 7.4.5 Configuración y preferencias de la aplicación:
  - ○ Usar componentes de React para ver y cambiar la configuración de la aplicación.

○ Configuraciones persistentes usando Electron-Store o bibliotecas similares.

7.5 Prueba y depuración de aplicaciones React Electron

- 7.5.1 Componentes de React de prueba unitaria:
  ○ Uso de la biblioteca de pruebas Jest y React para probar los componentes de React.
  ○ Burlarse de las API y dependencias de Electron.
- 7.5.2 Reacción de prueba de integración y comunicación electrónica:
  ○ Prueba de la interacción entre los componentes de React y el mecanismo IPC de Electron.
  ○ Revisar el flujo de datos y los patrones de comunicación.
- 7.5.3 Pruebas de extremo a extremo:

- o Automatizar las interacciones de los usuarios y probar los flujos de trabajo de las aplicaciones.
  - o Usar herramientas como Cypress o Spectron para pruebas de un extremo a otro.
- 7.5.4 Técnicas de depuración:
  - o Uso de Chromium DevTools para depurar componentes de React.
  - o Depuración del proceso principal de Electron utilizando las herramientas de depuración de Node.js.
  - o Registro e informes de errores.

7.6 Conclusión: cree potentes aplicaciones multiplataforma

- Resumen de los conceptos y técnicas clave cubiertos en este capítulo.

- Enfatizando los beneficios de combinar React y Electron para crear aplicaciones de escritorio multiplataforma.
- Estímulo a explorar técnicas de integración avanzadas y desarrollar experiencias de escritorio innovadoras.

Capítulo 8: Creación de aplicaciones GUI con React y Electron

Este capítulo consolida el conocimiento de los capítulos anteriores y proporciona una guía práctica para crear aplicaciones GUI completas con el poder combinado de React y Electron. Recorreremos el proceso de desarrollo de una aplicación completamente funcional, centrándonos en la gestión eficaz del estado, la comunicación fluida entre React y Electron y la implementación de funciones específicas de escritorio.

8.1 Planificación y diseño de la aplicación GUI

- 8.1.1 Definir los requisitos de la aplicación:

- Se indican claramente el propósito, las características y el público objetivo de la aplicación.
- Identifique la funcionalidad necesaria específica del escritorio.

- 8.1.2 Consideraciones de diseño UI/UX:
  - Diseñar una interfaz intuitiva y fácil de usar que se ajuste a las convenciones de escritorio.
  - Creación de wireframes y maquetas para visualizar el diseño y el flujo de la aplicación.
  - Teniendo en cuenta la coherencia de la interfaz de usuario multiplataforma.

- 8.1.3 Planificación arquitectónica:
  - Estructurar la aplicación en cuanto a mantenibilidad y escalabilidad.
  - Selección de soluciones de gestión de estado adecuadas (React Hooks, Redux, MobX).

- Planificación de la arquitectura de comunicación entre React y Electron.

8.2 Configuración de la estructura del proyecto

- 8.2.1 Inicialización del proyecto:
  - Creando un nuevo proyecto React con Crear-reaccionar-aplicación o Vite.
  - Instale Electron y las dependencias necesarias.
  - Organizar el directorio del proyecto en carpetas separadas para el código de React y Electron.
- 8.2.2 Configurar paquete.json:
  - Configuración de scripts para compilaciones de desarrollo y producción.
  - Gestionar dependencias para React y Electron.

- ○ Indicación del principal punto de entrada de los electrones.
- 8.2.3 Creación del proceso electrónico principal (principal.js):
  - ○ Inicializando la aplicación Electron y creando la ventana principal.
  - ○ Cargue el resultado de la compilación de la aplicación React en la ventana.
  - ○ Implementación de detectores de eventos para el ciclo de vida de la aplicación.
- 8.2.4 Integrar React en el proceso de renderizado:
  - ○ Confirme que la compilación de React se implemente correctamente en la ventana del navegador electrónico.
  - ○ Configure contextBridge si es necesario.

8.3 Implementación de la funcionalidad principal con React y Electron

- 8.3.1 Creación de UI con componentes de React:
    - Desarrollé componentes React reutilizables para la interfaz de usuario de la aplicación.
    - Implementar reproducción dinámica de datos e interacciones con el usuario.
    - Diseñe la aplicación para que se ajuste a la experiencia de escritorio deseada.
- 8.3.2 Gestionar el estado de la solicitud:
    - Selección e implementación de una solución de gestión de estado (React Hooks, Redux, MobX).
    - Guarde y actualice los datos de la aplicación.
    - Condición sostenida cuando sea necesario.
- 8.3.3 Comunicación entre procesos (IPC):

- ○ Establecer comunicación entre los componentes de React y el proceso principal de Electron.
- ○ Usar ipcRenderer.enviar/ipcMain.on y
  ipcRenderer.invocar/ipcMain.handle para comunicación asíncrona y de solicitud/respuesta.
- ○ Implementación de transmisión de datos segura y eficiente.
- 8.3.4 Acceso a las API de Electron a través de React:
  - ○ Exponer las API de Electron a los componentes de React a través de un puente seguro.
  - ○ Implemente funciones de acceso al sistema de archivos, cuadros de diálogo y otras funciones nativas.
  - ○ Implementación de contextBridge para aumentar la seguridad.

8.4 Manejo de funciones específicas del escritorio

- 8.4.1 Integración del sistema de archivos:
  - Implementación de cuadros de diálogo de archivos para abrir y guardar archivos.
  - Leer y escribir archivos con el fs Módulo.
  - Mostrar datos del sistema de archivos en los componentes de React.
- 8.4.2 Notificaciones nativas:
  - Mostrar notificaciones nativas del sistema operativo.
  - Manejo de eventos de notificación e interacciones de usuarios.
- 8.4.3 Menús y menús contextuales:
  - Cree menús de aplicaciones y menús contextuales.
  - Agregue elementos de menú personalizados y atajos de teclado.
  - Integrar acciones de menú en la lógica de la aplicación React.

- 8.4.4 Funcionalidad de arrastrar y soltar:
  - Se implementó soporte para arrastrar y soltar para archivos y datos.
  - Manejo de eventos de arrastrar y soltar y transferencia de datos.
- 8.4.5 Configuración y preferencias de la aplicación:
  - Creando una interfaz de configuración usando componentes de React.
  - Guarde y recupere configuraciones con Almacenamiento de electrones o una biblioteca similar.
  - Implementar configuraciones persistentes.
- 8.4.6 Actualizaciones de la aplicación:
  - Implementación de la funcionalidad de actualización automática con Electron-Updater.

○ Crear comentarios de los usuarios durante las operaciones de actualización.

8.5 Prueba y depuración de la aplicación GUI

- 8.5.1 Componentes de reacción de prueba unitaria:
  ○ Escribir pruebas unitarias para componentes de React utilizando la biblioteca de pruebas Jest y React.
  ○ Burlarse de las API y dependencias de Electron.
- 8.5.2 Reacción de prueba de integración y comunicación electrónica:
  ○ Prueba de la interacción entre los componentes de React y el proceso principal de Electron.
  ○ Verificación del flujo de datos y comunicación IPC.
- 8.5.3 Pruebas de extremo a extremo:

- Automatizar las interacciones de los usuarios y probar los flujos de trabajo de las aplicaciones.
- Usar herramientas como Cypress o Spectron para pruebas de un extremo a otro.

- 8.5.4 Técnicas de depuración:
  - Uso de Chromium DevTools para depurar componentes de React.
  - Depuración del proceso principal de Electron utilizando las herramientas de depuración de Node.js.
  - Implementación de registro y reporte de errores.

8.6 Embalaje y distribución de la aplicación

- 8.6.1 Configurar opciones de embalaje:
  - Usar generador de electrones o empaquetador de electrones para empaquetar la aplicación.

- ○ Especifique los metadatos, los iconos y la configuración de compilación de la aplicación.
- ○ Generación de instaladores para diferentes sistemas operativos.
- 8.6.2 Firma de código y autenticación:
  - ○ Firme la solicitud para garantizar su autenticidad.
  - ○ Certificación de la aplicación para distribución macOS.
- 8.6.3 Estrategias de ventas:
  - ○ Distribuya la aplicación a través de tiendas de aplicaciones o descargas directas.
  - ○ Implementación de actualizaciones y versionamiento automático.
  - ○ Manejo de implementación de aplicaciones.

8.7 Conclusión: creación de aplicaciones de escritorio completas

- Resumen de los pasos clave para crear una aplicación GUI con React y Electron.

- La atención se centra en el poder de combinar estas tecnologías para el desarrollo multiplataforma.

- Estímulo a explorar técnicas avanzadas y crear aplicaciones de escritorio innovadoras.

Parte V: Temas avanzados

Capítulo 9: Técnicas avanzadas de diseño de GUI

Este capítulo cubre técnicas avanzadas para diseñar interfaces gráficas de usuario (GUI) sofisticadas y receptivas. Exploraremos la aplicación de patrones y principios de diseño, la creación de componentes GUI personalizados y la integración de animaciones y gráficos para mejorar la experiencia del usuario y el atractivo visual.

9.1 Aplicar patrones y principios de diseño

- 9.1.1 Comprensión de los patrones de diseño:
    - Introducción a patrones de diseño de GUI comunes (por ejemplo, Model-View-Controller (MVC),

Model-View-ViewModel (MVVM), Observer, Singleton).

- ○ Explique cómo los patrones de diseño promueven la reutilización, el mantenimiento y la escalabilidad del código.
- ○ Proporcionar ejemplos de aplicación de patrones de diseño en aplicaciones React y Electron.
- • 9.1.2 Cumplimiento de los principios de la interfaz de usuario:
  - ○ Analice los principios clave de la interfaz de usuario (por ejemplo, coherencia, claridad, retroalimentación, asequibilidad, accesibilidad).
  - ○ Demostración de cómo se pueden aplicar estos principios para crear interfaces intuitivas y fáciles de usar.
  - ○ Importancia de cumplir con las pautas de diseño específicas de la plataforma.

- 9.1.3 Implementar diseño responsivo:
    - Diseño de GUIs que se adaptan a diferentes tamaños y resoluciones de pantalla.
    - Uso de consultas de medios CSS y diseños flexibles para lograr capacidad de respuesta.
    - Consideraciones sobre la capacidad de respuesta de las aplicaciones de escritorio.
- 9.1.4 Consideraciones de accesibilidad:
    - Diseñar GUI que sean accesibles para usuarios con discapacidades.
    - Se implementaron atributos ARIA, navegación con teclado y otras funciones de accesibilidad.
    - Prueba de GUI para comprobar el cumplimiento de la accesibilidad.

9.2 Creación de componentes GUI personalizados

- 9.2.1 Diseñar componentes reutilizables:
    - Identifique elementos comunes de la interfaz de usuario y cree componentes reutilizables.
    - Desarrollo de bibliotecas de componentes para un diseño y funcionalidad consistentes.
    - Uso de composiciones de componentes y accesorios para personalización.
- 9.2.2 Creación de componentes personalizados complejos:
    - Cree componentes de interfaz de usuario avanzados (por ejemplo, cuadrículas de datos personalizadas, cuadros interactivos, editores gráficos).
    - Utilice Canvas, SVG o WebGL para dibujar y representar gráficos personalizados.

- o Manejo de interacciones de usuarios y manipulación de datos dentro de componentes personalizados.
- 9.2.3 Diseñar componentes personalizados:
  - o Usar bibliotecas CSS-in-JS o módulos CSS para diseñar componentes personalizados.
  - o Implementación de tema y opciones de personalización.
  - o Crear estilos de componentes consistentes y visualmente atractivos.
- 9.2.4 Optimizar el rendimiento de los componentes:
  - o Memorización y otras técnicas para mejorar el rendimiento.
  - o Técnicas de virtualización para renderizar listas o tablas grandes.
  - o Perfilado y optimización del rendimiento de renderizado de componentes.

9.3 Uso de animaciones y gráficos.

- 9.3.1 Integrar animaciones:
    - Utilice transiciones y animaciones CSS para crear experiencias de usuario fluidas y atractivas.
    - Implementación de bibliotecas de animación (por ejemplo, Framer Motion, React Spring) para animaciones complejas.
    - Anime transiciones de componentes, interacciones y visualizaciones de datos.
- 9.3.2 Trabajar con gráficos:
    - Uso de SVG y Canvas para dibujar y renderizar gráficos vectoriales y rasterizados.
    - Implementación de gráficos interactivos y visualizaciones de datos.
    - Optimice el rendimiento de los gráficos para una representación fluida.

- 9.3.3 Implementar transiciones:
  - Cree transiciones fluidas de páginas y componentes.
  - Usar bibliotecas de animación para manejar transiciones complejas.
- 9.3.4 Uso de WebGL:
  - Presentamos WebGL para potentes gráficos 2D y 3D.
  - Implementación de gráficos basados en WebGL en aplicaciones GUI.
  - Consideraciones de rendimiento.
- 9.3.5 Optimización del rendimiento de animaciones y gráficos:
  - Aceleración de hardware.
  - Representación eficiente.
  - Reducir las llamadas de empate.

9.4 Técnicas avanzadas de peinado

- 9.4.1 Soluciones CSS-en-JS:

- Explorar bibliotecas CSS-in-JS (por ejemplo, componentes con estilo, Emotion) para diseñar estilos a nivel de componentes.
- Implementación de estilismo y tematización dinámica.
- Gestión de dependencias CSS y organización del código.

- 9.4.2 Tematización y adaptación:
  - Diseño de GUI que admitan temas y personalización.
  - Implementación de cambios de tema y actualizaciones de estilo dinámicas.
  - Proporcionar a los usuarios opciones para personalizar la apariencia de la aplicación.

- 9.4.3 Técnicas CSS avanzadas:
  - Conocimientos profundos sobre Grid y Flexbox.
  - Variables CSS.
  - Animaciones y transiciones.

9.5 Implementar interacciones avanzadas de usuario

- 9.5.1 Reconocimiento de gestos:
  - Implementación de reconocimiento táctil y de gestos para dispositivos móviles y sensibles al tacto.
  - Manejo de eventos de deslizar, pellizcar y otros gestos.
  - Crea experiencias interactivas con gestos.
- 9.5.2 Arrastrar y soltar:
  - Implementación de funcionalidad avanzada de arrastrar y soltar para estructuras de datos complejas.
  - Manejo de eventos de arrastrar y soltar, transferencia de datos y retroalimentación visual.
- 9.5.3 Implementar formularios complejos:
  - Validación de formularios y manejo de errores.
  - Generación de formularios dinámicos.
  - Preocupaciones de accesibilidad.

9.6 Optimización del rendimiento y mejores prácticas

- 9.6.1 Perfilado y optimización:
  - Uso de herramientas de desarrollo de navegadores y herramientas de creación de perfiles de rendimiento.
  - Identifique y optimice los cuellos de botella en el rendimiento.
  - Implementación de división de código y carga diferida.
- 9.6.2 Gestión de memoria:
  - Evite pérdidas de memoria y optimice el uso de la memoria.
  - Recogida de basura y gestión de recursos.
- 9.6.3 Optimización de código y mejores prácticas:
  - Escriba código eficiente y mantenible.
  - Siga los estándares de codificación y las mejores prácticas.

○ Uso de herramientas de análisis de código y linting.

9.7 Conclusión: cree experiencias de usuario excepcionales

- Resumen de técnicas avanzadas de diseño de GUI y mejores prácticas.
- Destaca la importancia del diseño centrado en el usuario y la optimización del rendimiento.
- Estímulo a explorar patrones UI/UX innovadores y crear experiencias de usuario excepcionales.

Capítulo 10: Optimización de aplicaciones GUI

Este capítulo se centra en los aspectos críticos de la optimización de las aplicaciones GUI para garantizar que sean eficientes, confiables y brinden una excelente experiencia de usuario. Exploramos técnicas para mejorar el rendimiento, manejar errores y excepciones con elegancia e implementar estrategias para mejorar la experiencia general del usuario.

10.1 Optimizar el rendimiento

- 10.1.1 Perfiles y análisis de desempeño:
    - Usar herramientas de desarrollo del navegador (por ejemplo, la pestaña Rendimiento en Chrome DevTools)

para identificar cuellos de botella en el rendimiento.

- o Generación de perfiles de uso de CPU, uso de memoria y rendimiento de renderizado.

- o Analice las velocidades de fotogramas e identifique fallos o retrasos.

- o Uso de herramientas de creación de perfiles de rendimiento específicas de Electron.

- 10.1.2 Optimización de renderizado:

- o Minimizar la manipulación y los reflujos de DOM.

- o Usar solicitudAnimaciónMarco para animaciones fluidas.

- o Implementación de listas y grillas virtualizadas para grandes conjuntos de datos.

- o Optimizar CSS para una representación eficiente (por ejemplo, evitando selectores costosos).

- ○ Utilice aceleración de hardware si es necesario.
- ○ Optimización WebGL.
- • 10.1.3 Gestión de memoria:
  - ○ Evitar pérdidas de memoria liberando recursos adecuadamente.
  - ○ Utilice la recolección de basura de manera eficiente.
  - ○ Optimización de tamaños de imágenes y activos.
  - ○ Gestione los oyentes de eventos y las suscripciones.
- • 10.1.4 Optimización del código:
  - ○ Escribir algoritmos y estructuras de datos eficientes.
  - ○ Minimizando cálculos y operaciones innecesarias.
  - ○ Usar división de código y carga diferida para reducir los tiempos de carga inicial.

- o Memorización y almacenamiento en caché.
- o Webpack u otra optimización de paquetes.
- 10.1.5 Optimización de la red (si corresponde):
  - o Optimización de solicitudes de red y transmisión de datos.
  - o Uso de técnicas de almacenamiento en caché y compresión.
  - o Implementar estrategias eficientes de recuperación de datos.
  - o Minimiza las llamadas de red.
- 10.1.6 Optimizaciones específicas de electrones:
  - o Optimización de la comunicación entre procesos.
  - o Administrar la memoria del proceso principal y el uso de la CPU.
  - o Uso eficiente de API de electrones.

10.2 Manejo de errores y excepciones

- 10.2.1 Implementación de un manejo robusto de errores:
  - Usar intentar... atrapar Bloques para manejar adecuadamente las excepciones.
  - Proporcionar mensajes de error informativos al usuario.
  - Registro de errores para depuración y monitoreo.
- 10.2.2 Degradación elegante:
  - Diseñe la aplicación para manejar adecuadamente errores o fallas inesperadas.
  - Proporcionar mecanismos de respaldo para funciones críticas.
  - Asegúrese de que la aplicación siga siendo utilizable incluso en un estado de error.
- 10.2.3 Informes y registros de excepciones:

- o Implemente registros e informes de errores centralizados.
- o Usar herramientas como Sentry o similares para el seguimiento de errores.
- o Proporcionar informes de errores detallados para la depuración.
- 10.2.4 Manejo de excepciones no detectadas:
  - o Manejo de excepciones no detectadas en los procesos principal y de renderizado en Electron.
  - o Evite fallas en la aplicación.
  - o Proporcionar comentarios de los usuarios.
- 10.2.5 Validación de entrada:
  - o Valide la entrada del usuario para evitar errores inesperados.
  - o Proporcionar mensajes de error claros y concisos para entradas no válidas.

10.3 Mejora de la experiencia del usuario (UX)

- 10.3.1 Diseño para comentarios de los usuarios:
  - Proporcionar comentarios visuales y de audio para las acciones del usuario.
  - Uso de indicadores de carga y barras de progreso para operaciones de larga duración.
  - Implementé animaciones y transiciones para mejorar la participación del usuario.
- 10.3.2 Implementar funciones de accesibilidad:
  - Diseñar GUI que sean accesibles para usuarios con discapacidades.
  - Implementación de atributos ARIA, navegación por teclado y soporte para lectores de pantalla.
  - Asegúrese de que la aplicación cumpla con los estándares de accesibilidad (por ejemplo, WCAG).

- 10.3.3 Proporcionar documentación clara y concisa:
  - Creación de manuales de usuario y documentación de ayuda.
  - Proporcionar información sobre herramientas y sugerencias en la aplicación.
  - Implementar tutoriales interactivos y experiencias de incorporación.
- 10.3.4 Localización e Internacionalización (i18n):
  - Diseño de la aplicación para localización e internacionalización.
  - Soporte para múltiples idiomas y convenciones culturales.
  - Proporcionar a los usuarios opciones para personalizar el idioma y la configuración regional.
- 10.3.5 Pruebas y comentarios del usuario:

- o Realizar pruebas de usuario para recopilar comentarios sobre la usabilidad de la aplicación.
- o Analice los comentarios de los usuarios y realice mejoras basadas en conocimientos.
- o Proceso de diseño iterativo.
- 10.3.6 Coherencia multiplataforma:
  - o Crear una experiencia de usuario consistente en diferentes sistemas operativos.
  - o Adaptación de elementos e interacciones de la interfaz de usuario a convenciones específicas de la plataforma.
  - o Probando la aplicación en múltiples plataformas.
- 10.3.7 Atajos de teclado y navegación:
  - o Implementar atajos de teclado.
  - o Garantizar una navegación fluida con el teclado.

10.4 Monitoreo y Análisis

- 10.4.1 Implementar el monitoreo de aplicaciones:
  - Realice un seguimiento del rendimiento de las aplicaciones y de las métricas de uso.
  - Monitoreo de tasas de error y uso de recursos del sistema.
  - Recopilar datos sobre el comportamiento y las interacciones del usuario.
- 10.4.2 Uso de herramientas de análisis:
  - Integración de herramientas de análisis (por ejemplo, Google Analytics, Amplitude) para rastrear el comportamiento del usuario.
  - Analizar los datos de los usuarios para identificar áreas de mejora.
  - Análisis específico de electrones.
- 10.4.3 Herramientas de monitoreo del desempeño:

- Utilice herramientas de seguimiento del rendimiento para identificar problemas en tiempo real.
- Configure alertas para la degradación del rendimiento.

10.5 Conclusión: creación de aplicaciones GUI de alta calidad

- Resumen de técnicas de optimización, estrategias de manejo de errores y mejores prácticas de UX.
- Destacando la importancia de la mejora continua y el feedback de los usuarios.
- Fomentar el desarrollo de aplicaciones GUI de alta calidad que brinden experiencias de usuario excepcionales.

Parte VI: Mejores prácticas e implementación

Capítulo 11: Mejores prácticas para el diseño de GUI

El objetivo de este capítulo es establecer y reforzar las mejores prácticas para diseñar interfaces gráficas de usuario (GUI) efectivas, accesibles y mantenibles. Cubrimos principios de diseño esenciales, consideraciones de accesibilidad y estrategias sólidas de prueba y depuración para garantizar la creación de aplicaciones GUI de alta calidad.

11.1 Siguiendo los principios y directrices de diseño

- 11.1.1 Comprender los principios básicos de diseño:
  - Consistencia: mantener la uniformidad de los elementos de la

interfaz de usuario, las interacciones y el estilo visual.

○ Claridad: garantizar que los elementos y la información de la interfaz de usuario sean fáciles de entender.

○ Comentarios: Proporcionar comentarios claros e inmediatos sobre las acciones de los usuarios.

○ Asequibilidad: diseñar elementos de la interfaz de usuario para resaltar su funcionalidad.

○ Simplicidad: evitar la complejidad y el desorden innecesarios.

○ Jerarquía: Crear una jerarquía visual clara para dirigir la atención del usuario.

○ Accesibilidad: Diseñar para usuarios con diferentes necesidades y habilidades.

- 11.1.2 Cumplimiento de directrices específicas de la plataforma:

- Comprender e implementar pautas de diseño específicas de la plataforma (por ejemplo, pautas de interfaz humana de macOS, sistema de diseño fluido de Windows).
- Personalice los elementos y las interacciones de la interfaz de usuario para que coincidan con la apariencia nativa de cada plataforma.
- Garantizar la coherencia entre plataformas cuando sea necesario y las diferencias específicas de la plataforma cuando sea necesario.

- 11.1.3 Uso de sistemas de diseño:
  - Implementar y mantener sistemas de diseño para garantizar la coherencia y la eficiencia.
  - Uso de bibliotecas de componentes y guías de estilo para agilizar el desarrollo.

- ○ Promover la colaboración entre diseñadores y desarrolladores.
- 11.1.4 Práctica de Diseño Responsivo:
  - ○ Diseño de GUIs que se adaptan a diferentes tamaños y resoluciones de pantalla.
  - ○ Uso de diseños flexibles y consultas de medios para una visualización óptima en diferentes dispositivos.
  - ○ Prueba de GUI en diferentes tamaños de pantalla y relaciones de aspecto.
- 11.1.5 Diseño centrado en el usuario:
  - ○ Poner las necesidades del usuario al frente del proceso de diseño.
  - ○ Realizar investigaciones de usuarios y recopilar comentarios para tomar decisiones de diseño.
  - ○ Iterar diseños basados en pruebas y comentarios de los usuarios.

11.2 Uso de funciones de accesibilidad

- 11.2.1 Implementar atributos ARIA:
  - Uso de atributos ARIA para proporcionar información semántica a tecnologías de asistencia.
  - Asegúrese de que los elementos de la interfaz de usuario estén correctamente etiquetados y sean accesibles para los lectores de pantalla.
  - Gestionar el enfoque y la navegación con el teclado con ARIA.
- 11.2.2 Garantizar la accesibilidad del teclado:
  - Navegación por teclado implementada para todos los elementos interactivos de la interfaz de usuario.
  - Proporcionar señales visuales claras para centrarse en el teclado.
  - Manejo de atajos de teclado y teclas de acceso.
- 11.2.3 Diseño para discapacidad visual:

- Utilice suficiente contraste de color y evite información dependiente del color.
- Proporcionar alternativas de texto para imágenes y contenido no textual.
- Admite modos de alto contraste y cambio de tamaño de fuente.

- 11.2.4 Diseño para deficiencias motoras:
  - Proporcionar elementos de interfaz de usuario grandes y en los que se puede hacer clic fácilmente.
  - Admite métodos de entrada alternativos (por ejemplo, control por voz, conmutación de dispositivos).
  - Minimizando la necesidad de movimientos precisos del mouse.

- 11.2.5 Cumplimiento de las normas de accesibilidad:
  - Cumplimiento de estándares y pautas de accesibilidad (por ejemplo, WCAG, Sección 508).

- Realización de auditorías y pruebas de accesibilidad.
- Herramientas de prueba de accesibilidad.

11.3 Prueba y depuración de aplicaciones GUI

- 11.3.1 Pruebas unitarias:
  - Escribir pruebas unitarias para componentes y funciones de UI individuales.
  - Uso de marcos de prueba (por ejemplo, Jest, React Testing Library) para garantizar la funcionalidad de los componentes.
  - Simule dependencias y aísle componentes para realizar pruebas.
- 11.3.2 Pruebas de integración:
  - Probar la interacción entre diferentes componentes y módulos de la interfaz de usuario.

- Revisión del flujo de datos y gestión del estado.
- Simular interacciones de usuarios y probar flujos de trabajo de aplicaciones.
- 11.3.3 Pruebas de extremo a extremo (E2E):
  - Automatice las interacciones de los usuarios y pruebe todo el flujo de la aplicación.
  - Uso de herramientas de prueba (por ejemplo, Cypress, Selenium) para simular el comportamiento del usuario.
  - Probando la aplicación en diferentes plataformas y navegadores.
- 11.3.4 Prueba de regresión visual:
  - Utilizar herramientas para detectar cambios visuales no intencionados en la interfaz de usuario.

- ○ Tome capturas de pantalla de los componentes de la interfaz de usuario y compárelas con las imágenes base.
- ○ Garantizar una apariencia visual consistente en diferentes plataformas y navegadores.
- 11.3.5 Técnicas de depuración:
  - ○ Usar herramientas de desarrollo del navegador para inspeccionar elementos, depurar JavaScript y perfilar el rendimiento.
  - ○ Implementación de registro y reporte de errores.
  - ○ Depuración de problemas del proceso principal de Electron.
- 11.3.6 Prueba de Aceptación del Usuario (UAT):
  - ○ Involucrar a los usuarios finales en el proceso de prueba.

- o Recopilar comentarios sobre la usabilidad y funcionalidad de la aplicación.
- o Iterar diseños basados en los comentarios de los usuarios.
- 11.3.7 Pruebas de rendimiento:
  - o Medición del rendimiento de la aplicación GUI.
  - o Herramientas de medición del desempeño.
  - o Encuentre y resuelva cuellos de botella en el rendimiento.

11.4 Documentación y guías de estilo

- 11.4.1 Creación de guías de estilo:
  - o Documente el estilo visual de la aplicación, incluidos colores, fuentes y espacios.

- Proporcionar pautas para el uso de componentes y patrones de interacción.
- Garantizar la coherencia en toda la aplicación.
- 11.4.2 Redactar documentación clara:
  - Creación de manuales de usuario y documentación de ayuda.
  - Proporcionar información sobre herramientas y sugerencias en la aplicación.
  - Implementar tutoriales interactivos y experiencias de incorporación.

11.5 Conclusión: creación de GUI accesibles y de alta calidad

- Resumen de las mejores prácticas para el diseño, accesibilidad, pruebas y documentación de GUI.

- Destacando la importancia del diseño centrado en el usuario y la mejora continua.
- Estímulo a adoptar estas mejores prácticas para crear aplicaciones GUI accesibles y de alta calidad.

Capítulo 12: Implementación de aplicaciones GUI

Este capítulo se centra en la fase crucial de implementar aplicaciones GUI en varias plataformas y garantizar que lleguen a los usuarios previstos de manera fluida y eficiente. Cubrimos el proceso de construcción y empaquetado, las estrategias de implementación específicas de la plataforma y los aspectos esenciales del manejo de actualizaciones y mantenimiento.

12.1 Creación y empaquetado de aplicaciones GUI

- 12.1.1 Preparación para el uso:
  - Optimice el rendimiento de la aplicación y minimice el tamaño del archivo.

- o Asegúrese de que la aplicación esté completamente probada y libre de errores críticos.

- o Configure los ajustes de la aplicación para entornos de producción.

- 12.1.2 Creando la aplicación:
  - o Compilación y agrupación del código y los activos de la aplicación.

  - o Herramientas de compilación utilizadas (por ejemplo, Webpack, Parcel) para optimizar y minimizar el código.

  - o Genere artefactos de compilación listos para producción.

- 12.1.3 Empaquetado de la solicitud:
  - o Selección de la herramienta de embalaje adecuada (p. ej. generador de electrones, empaquetador de electrones).

  - o Configure opciones de empaquetado para diferentes plataformas (por ejemplo, instaladores, ejecutables, paquetes de aplicaciones).

  ○ Inclusión de dependencias y recursos necesarios en el paquete.

- 12.1.4 Firma de código y autenticación:

  ○ Firme la solicitud para garantizar su autenticidad e integridad.

  ○ Notarizar la solicitud de distribución de macOS para cumplir con los requisitos de seguridad.

  ○ Comprender la importancia de la firma de código para Windows y Linux.

- 12.1.5 Creación de instaladores y distribuciones:

  ○ Genere instaladores para Windows (por ejemplo, MSI, NSIS).

  ○ Cree paquetes de aplicaciones para macOS (por ejemplo, DMG, PKG).

- Empaquetado de aplicaciones para Linux (por ejemplo, AppImage, Snap, DEB, RPM).
- Distribuya aplicaciones a través de tiendas de aplicaciones o descargas directas.

12.2 Implementación en diferentes plataformas

- 12.2.1 Implementación de Windows:
  - Creación de instaladores MSI o NSIS para distribución de Windows.
  - Firma de código de instaladores y ejecutables de Windows.
  - Distribuya aplicaciones a través de Microsoft Store o descargas directas.
  - Tratar con procesos de instalación y desinstalación específicos de Windows.
- 12.2.2 Implementación de macOS:

- ○ Cree paquetes de aplicaciones DMG o PKG para distribución de macOS.
- ○ Legalice las aplicaciones de macOS para cumplir con los requisitos de seguridad de Apple.
- ○ Distribuya aplicaciones a través de Mac App Store o descargas directas.
- ○ Tratar los mecanismos de instalación y actualización específicos de macOS.
- • 12.2.3 Implementación de Linux:
  - ○ Empaquetado de aplicaciones para varias distribuciones de Linux (por ejemplo, AppImage, Snap, DEB, RPM).
  - ○ Distribuya aplicaciones a través de repositorios de Linux o descargas directas.
  - ○ Garantizar la compatibilidad con varios entornos de escritorio Linux.
- • 12.2.4 Implementación web (si corresponde):

- Implementación de aplicaciones GUI basadas en web en servidores web o plataformas en la nube.
- Uso de servicios de alojamiento (por ejemplo, Netlify, Vercel) para una fácil implementación.
- Configurar nombres de dominio y certificados SSL.

- 12.2.5 Consideraciones multiplataforma:
  - Tratar las características y diferencias específicas de la plataforma.
  - Pruebas de aplicaciones en todas las plataformas de destino.
  - Creando una experiencia de usuario consistente.

12.3 Manejo de actualizaciones y mantenimiento

- 12.3.1 Implementar actualizaciones automáticas:

- ○ Usar Actualizador de electrones o bibliotecas similares para implementar actualizaciones automáticas de aplicaciones.
- ○ Proporcionar comentarios de los usuarios durante el proceso de actualización.
- ○ Manejo de errores de actualización y mecanismos de reversión.
- • 12.3.2 Gestión de versiones y lanzamientos:
  - ○ Implementación de un esquema de control de versiones (por ejemplo, control de versiones semántico).
  - ○ Gestionar versiones y actualizaciones de aplicaciones.
  - ○ Proporcionar notas de la versión y registros de cambios.
- • 12.3.3 Monitoreo y registro:
  - ○ Monitoreo de aplicaciones implementado para rastrear el rendimiento y el uso.

- o Registro de errores y excepciones para depuración y resolución de problemas.

- o Usar herramientas de análisis para recopilar datos del usuario y mejorar la aplicación.

- 12.3.4 Proporcionar soporte al usuario:

  - o Creación de manuales de usuario y documentación de ayuda.

  - o Implementación de funciones de soporte en la aplicación (por ejemplo, chat, formularios de comentarios).

  - o Brindar soporte rápido y efectivo al usuario.

- 12.3.5 Mantenimiento y corrección de errores:

  - o Implementación de un plan de mantenimiento para corrección de errores y actualizaciones de funciones.

- Priorice las correcciones de errores según la gravedad y el impacto en el usuario.
- Comunicar actualizaciones y correcciones de errores a los usuarios.

- 12.3.6 Actualizaciones de seguridad:
  - Implementación de una estrategia de seguridad.
  - Implementación oportuna de actualizaciones de seguridad.
  - Notificación de vulnerabilidades de seguridad a los usuarios.

12.4 Integración continua y entrega continua (CI/CD)

- 12.4.1 Configuración de canalizaciones de CI/CD:
  - Automatizar el proceso de construcción, prueba e implementación.

- Utilicé herramientas CI/CD (por ejemplo, Jenkins, GitLab CI, GitHub Actions) para agilizar el desarrollo.
- Implementación de pruebas automatizadas y análisis de código.

- 12.4.2 Pruebas e implementación automatizadas:
  - Implementación de pruebas automatizadas unitarias, de integración y de extremo a extremo.
  - Automatice la implementación de nuevos lanzamientos en diferentes plataformas.
  - Implementar mecanismos de reversión para implementaciones fallidas.

- 12.4.3 Control de versiones y estrategias de ramificación:
  - Uso de sistemas de control de versiones (por ejemplo, Git) para gestionar los cambios de código.

○ Implementar estrategias de ramificación (por ejemplo, Gitflow) para el desarrollo y la gestión de lanzamientos.

○ Uso de solicitudes de extracción y revisiones de código para la colaboración.

12.5 Conclusión: Proporcionar aplicaciones GUI de alta calidad

- Resumen de estrategias de implementación, mecanismos de actualización y prácticas de mantenimiento.

- Destacando la importancia de la automatización y la mejora continua.

- Fomentar la adopción de mejores prácticas para entregar aplicaciones GUI de alta calidad a los usuarios.

Parte VII: Aplicaciones en la práctica

Capítulo 13: Creación de una aplicación GUI real

Este capítulo sirve como culminación del conocimiento y las habilidades adquiridas a lo largo del libro y lo guía a través del proceso de creación de una aplicación GUI compleja del mundo real. Nos centramos en aplicaciones prácticas, integrando datos reales y API, y abordando los desafíos del desarrollo a nivel de producción.

13.1 Definir la aplicación real

- 13.1.1 Concepto y alcance de la aplicación:
    - Definir el propósito, la audiencia y las funciones principales de la aplicación.

- ○ Determinación de objetivos claros del proyecto y alcance para abordar la complejidad.
- ○ Elegir un proyecto que incluya múltiples conceptos de GUI.
- 13.1.2 Planificación y priorización de funciones:
  - ○ Identifique y priorice funciones clave según las necesidades del usuario y los requisitos comerciales.
  - ○ Divida funciones complejas en tareas manejables.
  - ○ Planificación de la futura escalabilidad y extensibilidad.
- 13.1.3 Selección del stack tecnológico:
  - ○ Selección de tecnologías apropiadas para la aplicación (React, Electron, State Management, etc.).
  - ○ Teniendo en cuenta el rendimiento, la mantenibilidad y la velocidad de desarrollo.

- Justificación de las herramientas y marcos elegidos.

13.2 Diseñar la arquitectura de la aplicación.

- 13.2.1 Estructura y modularización de la aplicación:
  - Organización de la aplicación en componentes y módulos modulares.
  - Implementación de una estructura de proyecto clara y consistente.
  - Promover la reutilización y mantenibilidad del código.
- 13.2.2 Estrategia de gestión estatal:
  - Implemente una solución robusta de gestión del estado (Redux, MobX o Context API).
  - Diseñe una estructura de estado y un flujo de datos claros.
  - Administre el estado de la aplicación de manera efectiva.

- 13.2.3 Integración de API y procesamiento de datos:
    - Diseño de la capa de acceso a datos para interactuar con API reales.
    - Implementar recuperación de datos, almacenamiento en caché y manejo de errores.
    - Estructurar y transformar datos API para su uso en la aplicación.
- 13.2.4 Diseño de comunicación entre procesos (IPC) (Elektron):
    - Planificación de mecanismos de PCI eficientes y seguros.
    - Diseño de protocolos de mensajes claros y serialización de datos.
    - Implemente contextBridge según sea necesario.

13.3 Implementación de la interfaz de usuario

- 13.3.1 Creación de componentes de UI reutilizables:
  - Creación de una biblioteca de componentes de UI reutilizables.
  - Implementación de estilismo y diseño de componentes.
  - Garantizar la accesibilidad y la capacidad de respuesta de los componentes.
- 13.3.2 Diseño de interacciones complejas de UI:
  - Implemente interacciones de interfaz de usuario avanzadas (por ejemplo, arrastrar y soltar, visualizaciones personalizadas).
  - Utilizar animaciones y transiciones para mejorar la experiencia del usuario.
  - Manejo de entradas de usuario complejas e interacciones de datos.

- 13.3.3 Integración de datos reales y visualizaciones:
  - Presentar datos reales de una manera significativa y fácil de usar.
  - Implementación de visualizaciones de datos (por ejemplo, cuadros, gráficos, mapas).
  - Manejo de actualizaciones de datos y flujos de datos en tiempo real.
- 13.3.4 Consideraciones de la interfaz de usuario específicas del escritorio (Electron):
  - Implementar menús e íconos de la barra de tareas.
  - Implementar notificaciones de escritorio.
  - Manejo de interacciones del sistema de archivos.

13.4 Integración de datos reales y API

- 13.4.1 Integración y autenticación de API:

- ○ Integración con API reales (por ejemplo, REST, GraphQL).
- ○ Implementación de mecanismos de autenticación y autorización.
- ○ Manejo de limitación de velocidad de API y respuestas de error.
- 13.4.2 Recuperación y almacenamiento de datos:
  - ○ Implementar estrategias eficientes de recuperación de datos.
  - ○ Utilizar mecanismos de almacenamiento en caché para mejorar el rendimiento.
  - ○ Manejo de sincronización y actualización de datos.
- 13.4.3 Procesamiento de datos en tiempo real:
  - ○ Integración con fuentes de datos en tiempo real (por ejemplo, WebSockets, eventos enviados por el servidor).

- Vea y actualice datos en tiempo real en la interfaz de usuario.
- Gestión de flujos de datos en tiempo real y manejo de errores.
- 13.4.4 Transformación y procesamiento de datos:
  - Convertir y procesar datos API para su uso en la aplicación.
  - Implementación de validación y limpieza de datos.
  - Manejo de grandes conjuntos de datos y estructuras de datos complejas.

13.5 Afrontar desafíos reales

- 13.5.1 Optimización del rendimiento:
  - Perfilado y optimización del rendimiento de las aplicaciones.
  - Implementación de técnicas para el renderizado y procesamiento de datos eficiente.

- o Se solucionaron pérdidas de memoria y cuellos de botella de rendimiento.
- 13.5.2 Manejo de errores y gestión de excepciones:
    - o Implementar mecanismos robustos de manejo de errores.
    - o Proporcionar mensajes de error informativos y comentarios de los usuarios.
    - o Registre y supervise los errores de la aplicación.
- 13.5.3 Aspectos de seguridad:
    - o Implementar mejores prácticas de seguridad para el almacenamiento y transmisión de datos.
    - o Protección contra vulnerabilidades de seguridad comunes.
    - o Maneje de forma segura la autenticación y autorización de usuarios.

- 13.5.4 Compatibilidad multiplataforma (Electron):
  - Probando la aplicación en múltiples plataformas.
  - Solucione problemas e inconsistencias específicos de la plataforma.
  - Garantizar una experiencia de usuario consistente.
- 13.5.5 Implementación y Mantenimiento:
  - Empaquetar e implementar la aplicación en entornos de producción.
  - Implementación de actualizaciones y versionamiento automático.
  - Proporcionar mantenimiento y soporte continuo.
- 13.5.6 Escalabilidad y mantenibilidad:
  - Diseño de la aplicación para escalabilidad y crecimiento futuro.
  - Implementación de estándares de codificación y mejores prácticas.

- Documentación de la arquitectura y el código de la aplicación.

13.6 Pruebas y depuración

- 13.6.1 Pruebas unitarias, de integración y E2E:
  - Implementación de una estrategia integral de pruebas.
  - Unidad de redacción, integración y testing end-to-end.
  - Uso de frameworks y herramientas de testing.
- 13.6.2 Depuración y solución de problemas:
  - Uso de herramientas y técnicas de depuración.
  - Solucionar problemas complejos y problemas de rendimiento.
  - Implementación de registro y reporte de errores.

- 13.6.3 Prueba de aceptación del usuario (UAT):
  - Realizar pruebas de aceptación de los usuarios para recopilar comentarios.
  - Iterando la aplicación en función de los comentarios de los usuarios.

13.7 Conclusión: creación de una aplicación sólida del mundo real

- Resumen de los pasos clave para crear una aplicación GUI real.
- Destaca la importancia de la planificación, el diseño y las pruebas.
- Estímulo a aplicar las habilidades aprendidas para desarrollar aplicaciones innovadoras e impactantes.

Capítulo 14: Estudios de casos de aplicaciones GUI exitosas

Este capítulo analiza el análisis de aplicaciones GUI exitosas, el análisis de sus decisiones de diseño, la comprensión de las compensaciones realizadas y la obtención de conocimientos valiosos que se pueden aplicar a proyectos futuros. Al examinar ejemplos del mundo real, obtenemos información sobre los factores que contribuyen a una experiencia de usuario convincente y eficaz.

14.1 Selección y análisis de estudios de caso

- 14.1.1 Criterios para seleccionar solicitudes exitosas:
  - Definir criterios para el "éxito" (por ejemplo, adopción por parte de los

usuarios, elogios de la crítica, impacto empresarial).

- o Identificar aplicaciones en diferentes áreas (por ejemplo, productividad, creatividad, comunicación).

- o Seleccionar aplicaciones con diferentes filosofías de diseño y pilas de tecnología.

- 14.1.2 Realización de un análisis en profundidad:

  - o Examinar la interfaz de usuario, los patrones de interacción y el diseño visual de la aplicación.

  - o Analizar las características de arquitectura, rendimiento y accesibilidad de la aplicación.

  - o Evaluar el impacto de la aplicación en los flujos de trabajo y la productividad de los usuarios.

- 14.1.3 Identificar decisiones clave de diseño:

- Identifique decisiones de diseño específicas que contribuyeron al éxito de la aplicación.
- Comprender los motivos detrás de estas decisiones y su impacto en la experiencia del usuario.
- Identificar patrones y principios de diseño recurrentes en aplicaciones exitosas.

14.2 Comprender las decisiones de diseño y las compensaciones

- 14.2.1 Equilibrio entre funcionalidad y simplicidad:
  - Analice cómo las aplicaciones exitosas administran funcionalidades complejas mientras mantienen una interfaz fácil de usar.
  - Discutir las compensaciones entre riqueza de funciones y usabilidad.

- Explorar estrategias para la divulgación progresiva y la incorporación de usuarios.
- 14.2.2 Optimización del rendimiento y uso de recursos:
  - Analice cómo las aplicaciones exitosas logran un rendimiento óptimo en diferentes plataformas.
  - Discutir las compensaciones entre rendimiento y fidelidad visual.
  - Examen de la gestión de la memoria, la optimización de la representación y las técnicas de procesamiento de datos.
- 14.2.3 Diseño para la accesibilidad y la inclusión:
  - Analice cómo las aplicaciones exitosas responden a usuarios con diferentes necesidades y habilidades.

- Discutir las compensaciones entre las características de accesibilidad y la estética del diseño.
- Explore estrategias para implementar atributos ARIA, navegación con teclado y métodos de entrada alternativos.

- 14.2.4 Adaptación a convenciones específicas de la plataforma:
  - Analice cómo las aplicaciones exitosas se adaptan a las pautas y convenciones de diseño específicas de la plataforma.
  - Discutir las ventajas y desventajas entre la coherencia multiplataforma y la apariencia nativa.
  - Explore estrategias para abordar las características y limitaciones específicas de la plataforma.

- 14.2.5 Manejo de datos reales y API:

○ Analice cómo las aplicaciones exitosas se integran con API y fuentes de datos reales.

○ Discutir las compensaciones entre la precisión de los datos, el rendimiento y la experiencia del usuario.

○ Explore estrategias de recuperación de datos, almacenamiento en caché y manejo de errores.

14.3 Aplicar los conocimientos adquiridos

• 14.3.1 Identificación de patrones de diseño reutilizables:

○ Extraiga patrones de diseño comunes y mejores prácticas de aplicaciones exitosas.

○ Adaptando estos patrones a los requerimientos específicos de nuevos proyectos.

- ○ Creación de un repositorio de componentes y patrones de diseño reutilizables.
- 14.3.2 Evite errores comunes:
  - ○ Identifique fallas de diseño comunes y dificultades observadas en aplicaciones fallidas.
  - ○ Aprenda de estos errores para evitar repetirlos en proyectos futuros.
  - ○ Desarrollar una lista de verificación de mejores prácticas para garantizar la calidad del diseño.
- 14.3.3 Promoción de la innovación y la experimentación:
  - ○ Fomentar la experimentación con nuevas técnicas y tecnologías de diseño.
  - ○ Aprenda de los enfoques innovadores para aplicaciones exitosas.
  - ○ Promover una cultura de mejora continua e iteración del diseño.

- 14.3.4 Prácticas de diseño centradas en el usuario:
  - Enfatiza la importancia de la investigación y la retroalimentación de los usuarios en el proceso de diseño.
  - Aprenda de los enfoques centrados en el usuario de las aplicaciones exitosas.
  - Implementación de pruebas de usuario y métodos de diseño iterativos.
- 14.3.5 Estructura para escalabilidad y mantenibilidad:
  - Aprenda de las decisiones arquitectónicas de aplicaciones exitosas que permiten escalabilidad y mantenibilidad.
  - Se implementaron patrones de diseño modular, gestión de estado sólida y organización de código clara.
  - Planificación del crecimiento futuro y ampliaciones de funciones.

14.4 Ejemplos de estudios de caso (ilustrativos)

- Estudio de caso 1: Código VS (Editor de código):
    - Análisis de extensibilidad, rendimiento e interfaz configurable por el usuario.
    - Discusión de las compensaciones entre complejidad e individualización.
    - Lecciones para diseñar una herramienta para una audiencia de usuarios avanzados.
- Estudio de caso 2: Figma (herramienta de diseño):
    - Análisis de sus funciones colaborativas, edición en tiempo real y enfoque basado en web.
    - Discutir las ventajas y desventajas entre la funcionalidad basada en web y el rendimiento nativo.

- Lecciones sobre cómo hacer colaborativas las tareas de diseño complejas.
- Estudio de caso 3: Spotify (transmisión de música):
    - Análisis de la interfaz fácil de usar, funciones de personalización y coherencia multiplataforma.
    - Discutir las compensaciones entre la entrega de contenido y la experiencia del usuario.
    - Lecciones sobre el diseño de una aplicación rich media.

14.5 Conclusión: aprovechar el éxito

- Resumen de los hallazgos clave del análisis de aplicaciones GUI exitosas.
- Enfatizando la importancia de comprender las decisiones de diseño y las compensaciones.

- Estímulo a aplicar estas lecciones para crear aplicaciones GUI innovadoras e impactantes.

Parte VIII: Conclusión y direcciones futuras

Capítulo 15: Temas avanzados en diseño de GUI

Este capítulo examina los últimos avances y tendencias emergentes en el diseño de GUI, aventurándose en las áreas de aprendizaje automático, realidad virtual/aumentada y las direcciones futuras del desarrollo de interfaces de usuario. Veremos cómo estas tecnologías están cambiando el panorama de las experiencias interactivas.

15.1 Uso del aprendizaje automático y la IA en el diseño de GUI

- 15.1.1 Experiencias de usuario personalizadas:

- ○ Implementar algoritmos de aprendizaje automático para analizar el comportamiento y las preferencias de los usuarios.

- ○ Personalización dinámica de elementos y contenidos de la GUI basados en perfiles de usuario individuales.

- ○ Usar sistemas de recomendación para sugerir características y contenidos relevantes.

- 15.1.2 Automatización Inteligente:

  - ○ Integrar la automatización impulsada por IA para optimizar los flujos de trabajo de los usuarios.

  - ○ Implementación de predicciones de texto, autocompletado y sugerencias contextuales.

  - ○ Uso del procesamiento del lenguaje natural (NLP) para chatbots y interfaces controladas por voz.

- 15.1.3 Interfaces de usuario adaptables:
  - Diseño de GUI que se adapten al contexto del usuario y a los factores ambientales.
  - Utilizar el aprendizaje automático para predecir las necesidades del usuario y adaptar los elementos de la interfaz en consecuencia.
  - Implemente diseños y contenidos dinámicos basados en la actividad y la ubicación del usuario.
- 15.1.4 Herramientas de diseño impulsadas por IA:
  - Descubra herramientas de diseño impulsadas por IA que automatizan tareas repetitivas.
  - Genere variantes de diseño y optimice los diseños de la interfaz de usuario mediante el aprendizaje automático.

- ○ Implementación de prototipos y pruebas de usuario impulsados por IA.
- 15.1.5 Consideraciones éticas:
  - ○ Abordar posibles sesgos en los algoritmos de aprendizaje automático.
  - ○ Garantizar la privacidad del usuario y la seguridad de los datos.
  - ○ Diseño de interfaces impulsadas por IA transparentes y explicables.

15.2 Creación de experiencias AR/VR

- 15.2.1 Interfaces de Realidad Aumentada (AR):
  - ○ Diseñar interfaces AR que superpongan información digital al mundo real.
  - ○ Implemente mapeo espacial y detección de objetos para una integración AR perfecta.

- ○ Uso de AR para visualizaciones interactivas, navegación y demostraciones de productos.
- 15.2.2 Interfaces de Realidad Virtual (VR):
  - ○ Diseño de interfaces VR inmersivas que crean entornos virtuales.
  - ○ Implementación de técnicas de interacción 3D y seguimiento de movimiento.
  - ○ Uso de la realidad virtual para simulaciones de entrenamiento, creación de prototipos virtuales y narraciones inmersivas.
- 15.2.3 Principios del diseño de interacción AR/VR:
  - ○ Desarrollo de paradigmas de interacción para entornos AR/VR.
  - ○ Diseñar interacciones de usuario intuitivas y naturales.

- Abordar los desafíos relacionados con el mareo, la conciencia espacial y la comodidad del usuario.

- 15.2.4 Herramientas y marcos de desarrollo de AR/VR:
  - Explore plataformas y herramientas de desarrollo de AR/VR (por ejemplo, Unity, Unreal Engine, ARKit, ARCore).
  - Implementación de experiencias AR/VR multiplataforma.
  - Optimización de aplicaciones AR/VR para rendimiento y experiencia de usuario.

- 15.2.5 Experiencia del usuario en AR/VR:
  - Diseño para la presencia y la inmersión.
  - Tratar la fatiga y el malestar del usuario.
  - Creando navegación e interacción intuitivas.

15.3 Tendencias y direcciones futuras

- 15.3.1 Interfaces cerebro-computadora (BCI):
  - Explorando el potencial de las BCI para la interacción directa cerebro-computadora.
  - Diseñar interfaces que respondan a los pensamientos y emociones de los usuarios.
  - Considere las preocupaciones éticas y de privacidad relacionadas con la tecnología BCI.
- 15.3.2 Interfaces hápticas:
  - Implementación de retroalimentación háptica para mejorar la interacción del usuario.
  - Diseño de experiencias táctiles para objetos y entornos virtuales.
  - Aprovechando la háptica para la accesibilidad y la sustitución sensorial.

- 15.3.3 Computación ubicua e Internet de las cosas (IoT):
  - Diseño de interfaces para dispositivos y entornos interconectados.
  - Implementar interacciones contextuales y automatización inteligente.
  - Abordar los desafíos de privacidad y seguridad en los ecosistemas de IoT.
- 15.3.4 Computación cuántica y diseño de GUI:
  - Explorando el potencial de la computación cuántica para algoritmos GUI avanzados.
  - Aprovechar el aprendizaje automático cuántico para experiencias de usuario personalizadas.
  - Diseño de interfaces para simulaciones y visualizaciones cuánticas.

- 15.3.5 El Metaverso y las Experiencias Inmersivas:
  - Explorando la evolución del metaverso y su impacto en el diseño de GUI.
  - Diseñar mundos virtuales persistentes e interconectados.
  - Crear experiencias inmersivas e interactivas para la interacción social y la colaboración.
- 15.3.6 Implicaciones éticas y sociales:
  - Discusión de las implicaciones éticas y sociales de las nuevas tecnologías GUI.
  - Resolver cuestiones relacionadas con la brecha digital, la accesibilidad y la privacidad de los usuarios.
  - Promover la innovación responsable y el diseño centrado en las personas.

15.4 Conclusión: Dar forma al futuro de la interacción

- Resumen de temas avanzados en diseño de GUI, incluido el aprendizaje automático, AR/VR y tendencias emergentes.

- Destaca la importancia de las consideraciones éticas y el diseño centrado en el usuario en el desarrollo de futuras interfaces.

- Fomentar la exploración y la innovación en el campo en constante evolución del diseño de GUI.

Capítulo 16: Solución de problemas comunes

Este capítulo proporciona una guía completa para solucionar problemas comunes encontrados al desarrollar aplicaciones GUI. Examinaremos técnicas de depuración efectivas, discutiremos problemas comunes y sus soluciones y estableceremos las mejores prácticas para agilizar el proceso de resolución de problemas.

16.1 Problemas comunes y soluciones

- 16.1.1 Problemas de renderizado:
  - Problema: los elementos de la interfaz de usuario no se muestran correctamente, problemas de diseño, retrasos en el rendimiento.

- ○ Soluciones: verifique CSS y DOM usando herramientas de desarrollo del navegador, verifique estilos en conflicto, optimice el rendimiento de renderizado (por ejemplo, usando solicitudAnimaciónMarco, listas virtualizadas) para garantizar que la aceleración de hardware esté habilitada.
- 16.1.2 Cuestiones de gestión estatal:
  - ○ Problema: actualizaciones de estado inesperadas, inconsistencias de datos, repetición de componentes.
  - ○ Soluciones: depurar actualizaciones de estado con Redux DevTools o MobX DevTools, registrar cambios de estado, verificar el flujo de datos, usar estructuras de datos inmutables, comprender las matrices de dependencia de React Hooks.
- 16.1.3 Problema de integraciones API:

- Problema: solicitudes de API fallidas, respuestas de datos incorrectas, errores de autenticación.
- Soluciones: inspeccionar solicitudes de red con herramientas de desarrollo de navegadores, inspeccionar parámetros y puntos finales de API, manejar adecuadamente las respuestas de error de API, inspeccionar tokens de autenticación y usar herramientas como Postman para probar puntos finales de API.

- 16.1.4 Problemas de comunicación entre procesos (IPC) (electrones):
  - Problema: mensajes que no se envían ni reciben, errores de serialización de datos, vulnerabilidades de seguridad.
  - Soluciones: registrar mensajes IPC, verificar nombres de canales y formatos de datos, usar IPC asíncrono para operaciones sin bloqueo, limpiar

datos recibidos a través de IPC, usar contextBridge.

- 16.1.5 Cuellos de botella en el desempeño:
  - Problema: rendimiento lento de la aplicación, uso elevado de la CPU, pérdidas de memoria.
  - Soluciones: creación de perfiles de rendimiento de aplicaciones utilizando herramientas de desarrollo de navegadores, optimización de la representación y el procesamiento de datos, implementación de división de código y carga diferida, gestión eficiente de la memoria y uso de aceleración de hardware.
- 16.1.6 Problemas de compatibilidad multiplataforma:
  - Problema: inconsistencias en la interfaz de usuario, errores específicos de la plataforma, problemas de acceso al sistema de archivos.

- Soluciones: realizar pruebas en múltiples plataformas, utilizar lógica condicional específica de la plataforma, adaptar elementos de la interfaz de usuario a las convenciones de la plataforma y abordar las diferencias del sistema de archivos.

- 16.1.7 Problemas de accesibilidad:
  - Problema: incompatibilidad con el lector de pantalla, problemas de navegación con el teclado, contraste de color insuficiente.
  - Soluciones: utilizar atributos ARIA, implementar la navegación con el teclado, garantizar un contraste de color suficiente y realizar pruebas con funciones de accesibilidad.

- 16.1.8 Errores de empaquetado e implementación:
  - Problema: la aplicación falla después del empaquetado, faltan

dependencias, problemas con la firma de código.

○ Soluciones: verificar las configuraciones de los paquetes, garantizar que se incluyan todas las dependencias, firmar correctamente el código de la aplicación y probar los instaladores en las plataformas de destino.

16.2 Técnicas de depuración

- 16.2.1 Uso de herramientas de desarrollo del navegador:
    ○ Examinar elementos DOM y estilos CSS.
    ○ Depuración de código JavaScript mediante puntos de interrupción y registro de consola.
    ○ Perfiles de rendimiento y análisis de solicitudes de red.

- o Verificación de datos de almacenamiento y aplicaciones.
- 16.2.2 Registro e informes de errores:
  - o Se implementó un registro detallado para depuración y monitoreo.
  - o Uso de herramientas de informe de errores (por ejemplo, Sentry) para realizar un seguimiento de los errores de la aplicación.
  - o Proporcionar mensajes de error informativos al usuario.
- 16.2.3 Depuración del proceso electrónico principal:
  - o Usar herramientas de depuración de Node.js (p. ej. Verificar nodos).
  - o Registro de eventos y errores clave del proceso.
  - o Cómo utilizar las extensiones de Electron DevTools.
- 16.2.4 Depuración remota:

- Depuración de aplicaciones que se ejecutan en dispositivos o servidores remotos.
- Uso de herramientas y protocolos de depuración remota.

- 16.2.5 Pruebas y aislamiento:
  - Redacción de pruebas unitarias y de integración para aislar e identificar errores.
  - Usar burlas y golpes para aislar dependencias.
  - Probar sistemáticamente los componentes y módulos de la aplicación.

- 16.2.6 Herramientas de creación de perfiles:
  - Utilice herramientas de creación de perfiles para encontrar cuellos de botella en el rendimiento.
  - Analice el uso de la CPU, el uso de la memoria y los tiempos de renderizado.

- 16.2.7 Pasos reproducibles:
  - Crear pasos claros y concisos para reproducir errores.

16.3 Mejores prácticas para la solución de problemas

- 16.3.1 Enfoque sistemático:
  - Siga un enfoque estructurado para la resolución de problemas (por ejemplo, identificar el problema, recopilar información, formular hipótesis, probar hipótesis, implementar soluciones).
  - Documente los pasos y hallazgos de solución de problemas.
- 16.3.2 Aislar el problema:
  - Limite el alcance del problema aislando componentes y módulos.
  - Usar ejemplos mínimos reproducibles para ilustrar los errores.

- 16.3.3 Usando el control de versiones:
    - Usar el control de versiones (por ejemplo, Git) para rastrear los cambios de código y volver a versiones anteriores.
    - Creación de ramas para corrección de errores y desarrollo de funciones.
- 16.3.4 Leer documentación y recursos comunitarios:
    - Consulta la documentación oficial y las referencias de API.
    - Busque soluciones en foros y sitios web comunitarios (por ejemplo, Stack Overflow).
- 16.3.5 Colaboración con otros:
    - Busco el apoyo de colegas y miembros de la comunidad.
    - Compartir registros de depuración e informes de errores.
- 16.3.6 Automatización de pruebas:

- ○ Implementación de pruebas automatizadas para evitar regresiones.
- ○ Uso de canalizaciones de CI/CD para automatizar las pruebas y la implementación.
- 16.3.7 Copias de seguridad periódicas:
  - ○ Cree copias de seguridad periódicas de código y datos.
  - ○ Implementar una estrategia de reversión.
- 16.3.8 Mantener las dependencias actualizadas:
  - ○ Mantenga las dependencias actualizadas para evitar vulnerabilidades de seguridad y recibir correcciones de errores.

16.4 Conclusión: crear aplicaciones sólidas y mantenibles

- Resumen de técnicas comunes de solución de problemas y mejores prácticas.

- Destacando la importancia de un enfoque sistemático y colaborativo para la depuración.

- Estímulo a utilizar estas técnicas para crear aplicaciones GUI sólidas y fáciles de mantener.

Capítulo 17: Diseño de GUI para diferentes plataformas

Este capítulo se centra en las complejidades del diseño de GUI para diversas plataformas, en particular entornos de escritorio y móviles. Exploramos los matices de cada plataforma, profundizamos en cómo manejar las características específicas de la plataforma y establecemos las mejores prácticas para lograr una experiencia de usuario multiplataforma perfecta.

17.1 Diseño para plataformas móviles y de escritorio

- 17.1.1 Comprender las diferencias de plataforma:

- Escritorio: pantalla más grande, entrada de teclado y mouse, capacidades multitarea, enfoque en la productividad y flujos de trabajo complejos.
- Móvil: tamaño de pantalla limitado, entrada táctil, enfoque en una sola tarea, énfasis en la portabilidad y las interacciones rápidas.
- Consideraciones importantes: resolución de pantalla, métodos de entrada, patrones de navegación, densidad de elementos de la interfaz de usuario, limitaciones de rendimiento y contexto del usuario.

- 17.1.2 Adaptación a tamaños y resoluciones de pantalla:
  - Escritorio: implemente diseños responsivos que se adapten a diferentes tamaños de monitores y relaciones de aspecto.

- ○ Móvil: diseño para diferentes tamaños de pantalla y relaciones de aspecto utilizando cuadrículas flexibles y consultas de medios.
- ○ Técnicas: uso de unidades relativas (por ejemplo, porcentajes, unidades de ventana gráfica), puntos de interrupción y gráficos vectoriales escalables (SVG).

- 17.1.3 Manejo de métodos de entrada:
  - ○ Escritorio: Optimización de interacciones de teclado y mouse, implementación de atajos de teclado y menús contextuales.
  - ○ Móvil: diseñar para interacciones táctiles, utilizar objetivos táctiles más grandes, implementar gestos (por ejemplo, deslizar, pellizcar) y proporcionar retroalimentación háptica.

- 17.1.4 Patrón de navegación:

- o Escritorio: utilice menús de navegación, barras de herramientas e interfaces con pestañas tradicionales.
- o Móvil: Implementación de barras de navegación inferiores, menús de hamburguesas y navegación basada en gestos.
- o Consideraciones: Jerarquía de la información, facilidad de acceso y descubribilidad.

- 17.1.5 Aspectos de desempeño:
  - o Escritorio: Optimice el rendimiento en una variedad de configuraciones de hardware.
  - o Móvil: priorice el rendimiento debido a la potencia de procesamiento y la duración de la batería limitadas.
  - o Técnicas: carga diferida, división de código, optimización de imágenes, renderizado eficiente, minimización de solicitudes de red.

17.2 Manejo de funciones específicas de la plataforma

- 17.2.1 API del sistema operativo:
  - Escritorio (Windows, macOS, Linux): acceso a API nativas para acceso al sistema de archivos, notificaciones, menús e integración de la barra de tareas.
  - Móvil (iOS, Android): utilice API específicas de la plataforma para acceder a la cámara, servicios de ubicación, notificaciones automáticas y sensores de dispositivos.
  - Técnicas: utilizar bibliotecas o marcos específicos de la plataforma (por ejemplo, Electron, React Native), implementar lógica condicional basada en el sistema operativo.
- 17.2.2 Funciones del dispositivo:

- Móvil: utilice funciones del dispositivo como GPS, acelerómetro, giroscopio y cámara.
- Escritorio: Uso de aceleración de hardware, pantallas externas y periféricos.
- Consideraciones: permisos de usuario, implicaciones de privacidad y uso de la batería.

- 17.2.3 Convenciones y estilos de UI:
  - Escritorio: Cumplimiento de las convenciones de interfaz de usuario específicas de la plataforma (por ejemplo, pautas de interfaz humana de macOS, sistema de diseño fluido de Windows).
  - Móvil: siga las pautas de diseño específicas de la plataforma (por ejemplo, Diseño de materiales, Pautas de interfaz humana de iOS).

- o Importancia: crear una experiencia de usuario nativa que resulte familiar para los usuarios.
- 17.2.4 Sistema de archivos y almacenamiento de datos:
  - o Escritorio: proporciona acceso a todo el sistema de archivos y al almacenamiento local.
  - o Móvil: uso de mecanismos de almacenamiento específicos de la plataforma (por ejemplo, preferencias compartidas, bases de datos SQLite).
  - o Consideraciones: permisos de usuario, seguridad de datos y restricciones del sistema de archivos específicos de la plataforma.

17.3 Mejores prácticas para el diseño multiplataforma

- 17.3.1 Arquitectura basada en componentes:

- ○ Crear componentes de UI reutilizables que se puedan adaptar a diferentes plataformas.

- ○ Usar bibliotecas de componentes y sistemas de diseño para lograr coherencia.

- 17.3.2 Diseño responsivo y adaptativo:

  - ○ Diseñar diseños que se adapten a diferentes tamaños y orientaciones de pantalla.

  - ○ Uso de consultas de medios y cuadrículas flexibles para un diseño responsivo.

  - ○ Diseño adaptativo implementado para elementos de interfaz de usuario específicos de la plataforma.

- 17.3.3 Capas de abstracción:

  - ○ Crear capas de abstracción para manejar la lógica y las API específicas de la plataforma.

- Usar marcos multiplataforma (por ejemplo, React Native, Flutter) para minimizar el código específico de la plataforma.

- 17.3.4 Banderas de funciones y lógica condicional:
  - Implemente indicadores de funciones para habilitar o deshabilitar funciones específicas de la plataforma.
  - Utilice lógica condicional para personalizar los elementos y el comportamiento de la interfaz de usuario según la plataforma.

- 17.3.5 Pruebas en múltiples plataformas:
  - Pruebas exhaustivas de la aplicación en todas las plataformas y dispositivos de destino.
  - Uso de emuladores y simuladores para pruebas iniciales.
  - Realización de pruebas de usuario en dispositivos reales.

- 17.3.6 Experiencia de usuario consistente:
  - Esfuércese por lograr una experiencia de usuario coherente en todas las plataformas.
  - Mantener un estilo visual consistente y patrones de interacción.
  - Adaptación de los elementos de la interfaz de usuario a las convenciones de la plataforma manteniendo la funcionalidad principal.
- 17.3.7 Optimización del rendimiento:
  - Optimice el rendimiento para cada plataforma de destino.
  - Minimizar el consumo de recursos y los requisitos de red.
  - Implemente optimizaciones de rendimiento específicas de la plataforma.
- 17.3.8 Consideraciones de accesibilidad:

- Funciones de accesibilidad implementadas para todas las plataformas.
- Garantizar la compatibilidad con lectores de pantalla y tecnologías de asistencia.
- Cumplimiento de estándares de accesibilidad (por ejemplo, WCAG).

17.4 Conclusión: cree experiencias multiplataforma fluidas

- Resumen de consideraciones clave para diseñar GUI para plataformas móviles y de escritorio.
- Enfatizando la importancia de adaptarse a las características y convenciones específicas de la plataforma.
- Estímulo a adoptar las mejores prácticas de diseño multiplataforma para crear experiencias de usuario fluidas y consistentes.

Capítulo 18: Conclusión y direcciones futuras

Este capítulo sirve como un resumen completo de los conceptos centrales cubiertos en este libro, al mismo tiempo que analiza las interesantes direcciones futuras y las tendencias emergentes que darán forma al panorama del diseño y desarrollo de GUI.

18.1 Resumen de conceptos clave

- 18.1.1 Principios básicos:
    - Afirmamos la importancia del diseño, la accesibilidad y la usabilidad centrados en el usuario.
    - Resumen de los principios clave del diseño (coherencia, claridad,

retroalimentación, etc.) y cómo aplicarlos.

- ○ Revisar la importancia del diseño específico de la plataforma y la coherencia entre plataformas.

- 18.1.2 Tecnologías centrales:
  - ○ Resumen de las tecnologías clave examinadas, incluidas React, Electron y su integración.
  - ○ Resumen de técnicas de gestión de estado (Redux, MobX, Hooks) y su papel en GUI complejas.
  - ○ Revise la importancia de las estrategias de prueba, depuración e implementación.

- 18.1.3 Técnicas GUI avanzadas:
  - ○ Resumen de temas avanzados como creación de componentes personalizados, animación e implementación de gráficos.

- o Revise las estrategias de ajuste del rendimiento y las mejores prácticas de manejo de errores.
- o Repasar el significado de los patrones de diseño.
- 18.1.4 Desarrollo de Aplicaciones Reales:
  - o Resumen del proceso de creación de aplicaciones GUI complejas utilizando datos reales y API.
  - o Resumen de los desafíos y soluciones encontrados en el desarrollo a nivel de producción.
  - o Revisar la importancia de analizar las aplicaciones exitosas existentes.
- 18.1.5 Desarrollo específico de plataforma y multiplataforma:
  - o Resumen de las diferencias entre el desarrollo de GUI para dispositivos móviles y de escritorio.

- ○ Revisión de técnicas para el manejo de características específicas de la plataforma.
- ○ Revisión de técnicas de creación de aplicaciones multiplataforma.

18.2 Direcciones y tendencias futuras

- 18.2.1 Inteligencia artificial (IA) y aprendizaje automático (ML):
  - ○ Discutir la creciente integración de AI/ML en el diseño de GUI para experiencias personalizadas y automatización inteligente.
  - ○ Explorando el potencial de las herramientas de diseño basadas en IA y las interfaces de usuario adaptables.
  - ○ Abordar las consideraciones éticas asociadas con las GUI impulsadas por IA.

- 18.2.2 Realidad Aumentada (AR) y Realidad Virtual (VR):
  - Examinar el papel cada vez mayor de AR/VR en la creación de experiencias inmersivas e interactivas.
  - Investigar el desarrollo de paradigmas de interacción AR/VR y herramientas de desarrollo.
  - Abordar los desafíos de diseñar interfaces AR/VR intuitivas y convenientes.
- 18.2.3 El Metaverso y las Experiencias Inmersivas:
  - Discusión sobre el surgimiento del metaverso y su impacto en el diseño de GUI.
  - Explorando el diseño de mundos virtuales persistentes e interconectados.
  - Examinar las implicaciones sociales y éticas de las experiencias inmersivas.

- 18.2.4 Interfaces cerebro-computadora (BCI) e interfaces hápticas:
  - Explorando el potencial de las BCI para la interacción directa cerebro-computadora.
  - Investigar el uso de retroalimentación háptica para mejorar las interacciones de los usuarios.
  - Abordar los desafíos éticos y prácticos de estas nuevas tecnologías.
- 18.2.5 Computación ubicua e Internet de las cosas (IoT):
  - Discutir el diseño de interfaces para dispositivos y entornos interconectados.
  - Explorando interacciones sensibles al contexto y automatización inteligente en ecosistemas de IoT.
  - Abordar los problemas de privacidad y seguridad en la informática ubicua.

- 18.2.6 Computación cuántica y diseño de GUI:
  - Explorando el potencial de la computación cuántica para mejorar los algoritmos GUI.
  - Investigando cómo el aprendizaje automático cuántico podría mejorar la experiencia del usuario.
  - Discusión sobre cómo las computadoras cuánticas podrían mejorar la visualización de datos.
- 18.2.7 Accesibilidad e Inclusividad:
  - Debate sobre el aumento continuo de los estándares de accesibilidad.
  - Discusión sobre la importancia de las prácticas de diseño inclusivo.
  - Explorar nuevas tecnologías que mejoren la accesibilidad.

18.3 Conclusión y reflexiones finales

- 18.3.1 El panorama en evolución del diseño de GUI:
  - Reflexionar sobre la naturaleza dinámica del diseño de GUI y la constante evolución de las tecnologías y expectativas de los usuarios.
  - Destacando la importancia del aprendizaje y la adaptación continuos.
- 18.3.2 La importancia del diseño centrado en el usuario:
  - Reafirmando el principio fundamental de poner al usuario en el centro del proceso de diseño.
  - Destacando el papel de la empatía, la investigación y las pruebas en la creación de GUI eficaces.
- 18.3.3 El futuro de la interacción:
  - Expresar optimismo sobre el futuro del diseño de GUI y el potencial de experiencias innovadoras y transformadoras.

- Fomentar la investigación y la experimentación con nuevas tecnologías.
- 18.3.4 Estímulo final:
  - Inspira a los lectores a aplicar los conocimientos y habilidades adquiridos para crear aplicaciones GUI significativas e impactantes.
  - Promover el aprendizaje continuo y la participación en la comunidad de diseño de GUI.
  - Destacando la importancia del diseño ético.

Adjuntos

Esta sección contiene información y recursos adicionales para ayudar al lector a comprender y aplicar los conceptos tratados en el libro. Estos apéndices sirven como valiosas referencias, herramientas y orientación sobre mejores prácticas.

Apéndice A: Glosario de términos

- Un glosario completo de términos y acrónimos utilizados a lo largo del libro.
- Definiciones de conceptos clave relacionados con el diseño de GUI, React, Electron y tecnologías relacionadas.
- Proporciona explicaciones claras y concisas para garantizar la comprensión de la jerga técnica.

Apéndice B: Herramientas y recursos recomendados

- Una lista seleccionada de herramientas, bibliotecas, marcos y recursos en línea para el desarrollo de GUI.
- Recomendaciones para entornos de desarrollo, editores de código, herramientas de diseño y marcos de prueba.
- Enlaces a documentación relevante, tutoriales y foros comunitarios.
- Listas de bibliotecas de electrones y bibliotecas de reacciones útiles.
- Listas de recursos útiles de diseño y accesibilidad.

Apéndice C: Ejemplos de código y plantillas

- Una colección de ejemplos de código reutilizables y plantillas para componentes y patrones de GUI comunes.

- Ejemplos de componentes de React, código de proceso principal de Electron y patrones de comunicación IPC.

- Plantillas para configuraciones de instalación, prueba y implementación de proyectos.

- Ejemplos de implementaciones complejas de GUI.

- Ejemplos de técnicas GUI avanzadas.

Apéndice D: Pautas y estándares de accesibilidad

- Un resumen de las pautas y estándares de accesibilidad (por ejemplo, WCAG, ARIA).

- Consejos prácticos para implementar funciones de accesibilidad en aplicaciones GUI.

- Ejemplos de componentes e interacciones de UI accesibles.

- Listas de verificación de pruebas de accesibilidad.

- Enlaces a recursos externos de accesibilidad.

Apéndice E: Técnicas de optimización del rendimiento

- Una guía detallada sobre técnicas de ajuste del rendimiento para aplicaciones GUI.
- Estrategias para optimizar el renderizado, la gestión de la memoria y las solicitudes de red.
- Herramientas y técnicas de creación de perfiles para identificar cuellos de botella en el rendimiento.
- Mejores prácticas para una experiencia de usuario fluida y receptiva.
- Técnicas específicas de ajuste de rendimiento para Electron y React.

Apéndice F: Mejores prácticas de seguridad

- Una guía completa de las mejores prácticas de seguridad para aplicaciones GUI.
- Estrategias para protegerse contra vulnerabilidades comunes (por ejemplo, XSS, CSRF, ejecución remota de código).

- Directrices para el almacenamiento y transferencia seguros de datos.
- Mejores prácticas para manejar la autenticación y autorización de usuarios.
- Mejores prácticas de seguridad específicas de electrones.

Apéndice G: Lista de verificación de compatibilidad multiplataforma

- Una lista de verificación para garantizar la compatibilidad multiplataforma en aplicaciones GUI.
- Directrices para adaptar los elementos y el comportamiento de la interfaz de usuario a diferentes plataformas.
- Estrategias de prueba para comprobar la funcionalidad multiplataforma.
- Consejos para lidiar con características y limitaciones específicas de la plataforma.
- Una lista de problemas comunes entre plataformas y cómo resolverlos.

Apéndice H: Referencia rápida para la solución de problemas

- Una guía rápida para solucionar problemas comunes de desarrollo de GUI.
- Soluciones para problemas de renderizado, problemas de gestión de estado, errores de integración de API y problemas de IPC.
- Técnicas de depuración y herramientas para identificar y corregir errores.
- Una lista de verificación de errores comunes y cómo solucionarlos.

Apéndice I: Resumen de patrones de diseño

- Un resumen de los patrones de diseño comunes utilizados en el desarrollo de GUI.
- Ejemplos de MVC, MVVM, Observer y otros patrones en React y Electron.
- Orientación sobre el uso de patrones de diseño específicos.
- Cómo implementar patrones de diseño.

Apéndice J: Descripción general de las tecnologías futuras

- Una descripción general de las tecnologías futuras que afectarán el diseño de GUI.
- Una inmersión más profunda en AI/ML, AR/VR y BCI.
- Consideraciones éticas sobre las tecnologías futuras.
- Cómo prepararse para las tecnologías futuras.

Índice

Este índice proporciona una lista alfabética completa de los términos, conceptos, tecnologías y métodos clave cubiertos a lo largo del libro. Sirve como referencia rápida para encontrar información específica y facilita las referencias cruzadas entre temas relacionados.

- Accesibilidad:
  - Atributo ARIA
  - Contraste de color
  - Navegación por teclado
  - Lectores de pantalla
  - Estándares (WCAG, Sección 508)
- Diseño adaptativo:
  - Puntos de interrupción
  - Diseños flexibles
  - Consultas de los medios
  - Diseño Responsivo
- IA (Inteligencia Artificial):
  - Interfaces de usuario adaptables
  - automatización
  - personalización
  - Consideraciones éticas
- API (interfaz de programación de aplicaciones):
  - Recuperación de datos

- Manejo de errores
- Integración
- Autenticación
- Implementación de aplicaciones:
  - firma de código
  - Estrategias de ventas
  - Embalaje
  - Implementación específica de plataforma
- AR (Realidad Aumentada):
  - Diseño de interacción
  - mapeo espacial
  - Experiencia de usuario
- Arquitectura:
  - Basado en componentes
  - Estructura modular
  - administración estatal
- Mejores prácticas:
  - Optimización de código
  - Diseño multiplataforma
  - Depuración

- o Solución de problemas
- Herramientas de desarrollo del navegador:
  - o Registro de consola
  - o Inspección DOM
  - o Análisis de red
  - o Perfil de rendimiento
- CI/CD (integración continua/entrega continua):
  - o Pruebas automatizadas
  - o Canalizaciones de implementación
  - o Control de versiones
- Optimización del código:
  - o Faltas cargadas
  - o Aprender de memoria
  - o Eficiencia de renderizado
- Puente de contexto:
  - o Seguridad
  - o Electrónico
  - o Integración de reacción
- Desarrollo multiplataforma:
  - o Electrónico

- Reaccionar nativo
- Diseño Responsivo
- CSS (hojas de estilo en cascada):
  - animaciones
  - Técnicas de diseño (Flexbox, Grid)
  - Componentes de estilo
- Depuración:
  - Informe de errores
  - Explotación florestal
  - Depuración remota
  - Depuración del proceso principal de electrones.
- Diseño:
  - MVC (Modelo-Vista-Controlador)
  - MVVM (Modelo-Ver-VerModelo)
  - Patrón de observador
  - Singleton-Muster.
- Principios de diseño:
  - claridad
  - consistencia
  - mensaje de respuesta

- o sencillez
- Electrónico:
  - o Ventana del navegador
  - o IPC (comunicación entre procesos)
  - o Proceso principal
  - o Proceso de renderizado
  - o API de electrones
- Manejo de errores:
  - o Gestión de excepciones
  - o humillación elegante
  - o Explotación florestal
- GUI (interfaz gráfica de usuario):
  - o Componentes
  - o Principios de diseño
  - o Experiencia de usuario (UX)
- Gancho (Reaccionar):
  - o usoEfecto
  - o utilizarContexto
  - o utilizarReductor
  - o usoEstado
- Interfaces hápticas:

- Comentarios táctiles
- IoT (Internet de las cosas):
  - Computación ubicua
- Aprendizaje automático (ML):
  - personalización
  - Interfaces de usuario predictivas
- Optimización del rendimiento:
  - Gestión de la memoria
  - Representación
  - Uso de recursos
- Reaccionar:
  - Componentes
  - Gancho
  - administración estatal
- Responder al enrutador:
  - Navegación
  - Guía de ruta
- Redux:
  - Comportamiento
  - reductores
  - Ahorrar

- Administración estatal:
    - API de contexto (reaccionar)
    - mobx
    - redux
- La prueba:
    - De extremo a extremo (E2E)
    - Pruebas de integración
    - Pruebas unitarias
    - Pruebas de regresión visual
- Solución de problemas:
    - Problemas comunes
    - Técnicas de depuración
    - Enfoque sistemático
- UI (interfaz de usuario):
    - Bibliotecas de componentes
    - Componentes personalizados
    - Sistema de diseño
- Experiencia de usuario (UX):
    - accesibilidad
    - mensaje de respuesta
    - Facilidad de uso

- VR (Realidad Virtual):
  - interacción 3D
  - Experiencias inmersivas
  - Experiencia de usuario
- WebGL:
  - Cuadro
  - Rendimiento.

www.ingramcontent.com/pod-product-compliance
Lightning Source LLC
LaVergne TN
LVHW022308060326
832902LV00020B/3340